'6"
'0"
'6"
'0"
'6"
'0"
'6"
'0"
'6"
'0"
'6"

# PROFILE OF A CRIMINAL MIND

# 犯罪心理
# 剖繪檔案

**Brian Innes 布萊恩・隱內** —— 著

吳懿婷 —— 譯

〈出版緣起〉

# 為中國輸入法律的血液

何飛鵬

　　自衡諸中國歷史，法治精神從未真正融入政治傳統，更遑論社會倫理和國民教育。現代國家以人民為「理性之立法者」的立憲精神，在臺灣顯然是徒具虛文。法律和國家的基本精神一樣遭到政客和商人的任意踐踏，國家公器淪為權力鬥爭的手段，司法尊嚴如失貞的皇后，望之儼然卻人人鄙夷，我們的司法體制真的與社會脫了節。

　　近年來，臺灣正面臨司法改革的轉捩點。然而長期以來，司法啟蒙教育被獨裁者的愚民政策所壓抑，使得國人普遍缺乏獨立判斷的法學教養，在面對治絲益棼的司法亂象時，失去了盱衡全體制度及其社會脈絡的根據。改革之聲高唱入雲，而所持論據卻總是未能切中時弊，不是見樹不見林，就是病急亂投醫，國家之根基如此脆弱，豈不危乎殆哉。

　　司法體制之矮化為官僚體制，連帶使我們司法人員的教育和考選，成為另一種八股考試，完全忽視了法律與社會互相詮釋的脈動。學生只知道死記法規和條文解釋及學說，成為國家考試的機器人；至於法的精神和立法執法的原則卻置之罔顧。如此國家所考選的司法人員知法而不重法，不是成為爭功諉過的司法官僚，就是唯利是圖的訟棍。在西方國家裡，法學專家與司法人員由社會菁英與知識份子構成，不惟力執超然公正的社會角色，甚至引導風氣之先，為國家之中堅。在歐洲，在美國，法律的歷史和社會變遷是息息相關的，布藍迪斯（Louis Dembitz Brandeis）大法官曾說：「一個法律人如果不曾研究過經濟學和社會學，那麼他就極容易成為社會的公敵。」我們希望法律人能夠真正走出抽象法律的象牙塔，認真思

3

考社會正義與價值的問題，這才是法的精神所在。

　　「人與法律」系列之推出，正是有感於法學教育乃至大眾法律素養中的重大缺陷，提出針砭之言，以期撥亂反正，讓法的精神真正在國人心中植根。我們想推薦讀者「在大專用書裡看不到的司法教育」，為我們整個司法環境中出現的問題，提供更開放的思考空間。選擇出版的重點，旨在（一）譯述世界法學經典；（二）就我國司法現況所面臨的問題，引介其他國家之相關著作，以為他山之石。（三）針對現今司法弊病提出建言。系列之精神在於突破學校現有法律教育之窠臼，致力司法教育與社會教育之融貫。

　　就翻譯作品部分，計畫以下列若干範疇為重點：（一）訴訟程序與技巧；（二）法律與社會、政治的關係；（三）西洋法理學經典。

　　卡多索（Benjamin Nathan Cardozo）大法官說過：「法律就像旅行一樣，必須為明天做準備。它必須具備成長的原則。」對我們而言，成長或許是明天的事，但今天，我們期待這個書系能為臺灣輸入法律的血液，讓法律成為社會表象價值的終極評判。

　　「人與法律」系列叢書之出版，要感謝司法界和學術界中有志司法改革與教育的各位先進，其中我們必須特別提到蔡兆誠律師，沒有他的推動，是不會有這個書系的。

（本文作者為城邦出版集團首席執行長）

# 道通天地有形外，思入風雲變態中

## ——心理剖繪：刑事偵查的新利器

黃富源

　　驚擾社會許久的毒蠻牛案件，在警方鍥而不捨的努力下終於破案了；比起日本的森永牛奶糖千面人下毒案，在歷經了廿年後仍舊逍遙法外，我國警方的確是令人激賞的。但是在偵查毒蠻牛案件的過程中，警方的辛苦卻不是一般人所能了解的；除了過濾相關的錄影帶，搜索犯罪熱區中的各項跡證，心理剖繪的技術也被用以協助毒蠻牛案件的偵查。不論心理剖繪技術在此一案件所扮演的角色如何，可以預見的將來，隨著該項技術的進步與更加科學化，心理剖繪技術將會在我國刑事偵查的領域裡，愈形重要。

　　所謂心理剖繪（psychological profiling）技術，乃是將犯罪心理學與司法精神醫學對犯罪者的系統研究，予以整理、比較、分析、歸納、分類並標準化各種罪犯的類型，而能提供實務人員在偵辦刑案時，除借重傳統之物理與化學痕跡的搜集與鑑識外，更能搜集到犯罪者與被害者，和犯罪情境互動後所留存下的「心理痕跡」，而以此心理痕跡過濾人犯，縮小偵查範圍而提高破案比率的刑事偵查技術。

　　心理剖繪依據傳統的犯罪心理學說法，有四個重要的命題假設，即：第一、犯罪者的人格不會改變。「江山易改，本性難移」，一個人的個性，尤其是人格核心部分，不會因時間而改變。一般人如此，犯罪者亦如此。第二、犯罪現場反映犯罪者的人格特徵。因此勘查犯罪現場、搜集現場的物證與非物證、犯罪者攻擊被害者的方式與部位等，將會協助

警察提供偵查方向,縮小範圍。第三、犯罪者會保持相似的作案手法。由於犯罪現場會反映犯罪者的真實人格,所以在他所犯下的案件中,都使用接近的犯罪手法,容或手法可能精進,但是基本調性不會有太大改變。第四、犯罪者如有犯罪簽名,犯罪時所遺留下來的簽名特徵,將是獨特而不變的。準此,使用心理剖繪技術來偵辦刑案,當然是有本可行的刑事偵查新途徑。

布萊恩·隱內的《犯罪心理剖繪檔案》一書,當然是一本刑事心理偵查的書,不過,它不只是一本刑事心理偵查的書,它還是一本歷史眼光的犯罪學的書;因為這本書從第一章開始,便介紹了犯罪學研究的整個歷史發展,尤其是以西方文明為主的社會,對犯罪研究與抗制的歷史發展。然而,與其他犯罪心理學的書籍相比,布萊恩·隱內的《犯罪心理剖繪檔案》更顯得獨特有趣。因為這本書有以下幾個優點:第一、以真實案例,解讀深奧的心理剖繪理論;第二、以個別學者,說明心理剖繪學說的發展;第三、以具體資料,驗證科學心理剖繪的實用性。茲說明如下:

「以真實案例,解讀深奧的心理剖繪理論」,布萊恩·隱內的書中,不斷出現犯罪個案,從英國的「開膛手傑克」、「約克郡開膛手」,德國的「杜塞夫吸血鬼──彼得·庫登」,到美國震驚社會的「易裝布魯多斯」與「詐傷泰德·邦迪」,再加上幾部叫座的驚悚犯罪電影,如《沉默的羔羊》、《紅龍》與《人魔》穿插其中,布萊恩·隱內有條不紊地陳述、分析個案之所以犯罪的原因,和追蹤這些個案時,實務工作者與心理偵查學者所運用的犯罪心理學理論。透過布萊恩·隱內豐厚的學養和流暢的文筆,讀者可以輕易地分享許多晦澀的犯罪心理學理論,並心領神會地將這些理論與個案相互對照,甚至能夠因此同步地與布萊恩·隱內享受分析個案的成就感。

「以個別學者,說明心理剖繪學說的發展」,布萊恩·隱內的《犯罪心理剖繪檔案》,從一開始就追蹤犯罪學的發展歷史,尤其是與生理和心

理學最有關係的犯罪學者，包括了為犯罪學界尊稱為現代犯罪學之父的龍布羅梭（Lombroso, C.）、主張泛性論的佛洛伊德（Freud, S.），和他兩個自立門戶後，以「人格說」成名的榮格（Jung, C. G.），和以自卑理論轟動學界的阿德勒（Adler, A.）兩位弟子。當貼近現代犯罪心理學時，布萊恩・隱內更直接了當地介紹了布魯塞爾（Brussel, J. A.）博士的成功剖繪案例，接著陳述美國聯邦調查局行為科學小組幹員哈沃德特坦（Teten, H.）等人所發展的心理剖繪研究與應用。最重要的是，布萊恩・隱內在整本書中，特別借用學者的不同看法比較了三十年來心理剖繪技術的發展，諸如英國布理頓（Britton, P.）教授的「專業直覺分析法」、特維（Turvey, B.）教授的「行為證據分析法」、南西（Nacy, L. V.）博士的「地理剖繪法」；這些學者的主張，標誌了三十年來心理剖繪學說與應用的軌跡，透過布萊恩・隱內系統地整理，更讓讀者彷彿是在與當代心理剖繪大師們對話，而在對話中生動淺顯地了解這項技術的改進與發展。

「以具體資料，驗證科學心理剖繪的實用性」，這是布萊恩・隱內的《犯罪心理剖繪檔案》一書中最迷人的地方。布萊恩・隱內先以英國的研究，說明如何準確地剖繪了強姦要犯約翰・達非（John Duffy）；再以加拿大的案例，展現出地理剖繪技術如何精確地協助警方逮捕到英屬哥倫比亞地區殺害年輕女子的案件；一會兒以美國行為證據分析證實此一方法可以幫助警方縮小範圍，最後捉到「詐傷泰德・邦迪」；一下子又以瑞士的犯罪語言分析方法，印證此法能夠減少警力無謂的浪費，精確地捉到「瑞士炸彈客」。有憑有據，令人目不暇給，卻又如影歷歷，讓讀者在環遊世界的心理剖繪案例資料中，既理性又有趣地了解心理・剖繪的實用性。

不同於以往有關心理剖繪的書籍，布萊恩・隱內的《犯罪心理剖繪檔案》一書的最後幾章，介紹了超乎心理剖繪的範疇，廣泛地描述偵訊、談判、鑑識的各領域與儀器，不過卻很特別地說明了心理剖繪技術與這些領域的結合運用的最新發展，讓讀者了解這項技術在刑事司法系統中未來可

能發展的重要角色。回顧歷史，雖然以心理剖繪的技巧追蹤犯罪者，在犯罪學與犯罪心理學的歷史上，當然不能算是新鮮事；不過，從布萊恩‧隱內的著作中，可以窺見這項技術無窮的潛力與實用，國內動員公、私部門全力打擊犯罪的今天，商周能翻譯這樣的書籍，真是造福國人，所以樂以為文推薦。

2005年6月15日警察節
於中央警察大學誠園

（本文作者曾為中央警察大學犯罪防治系教授，
現任銘傳大學犯罪防治學系講座教授兼社會科學院院長）

# 序言

　　早自史前時代開始，罪犯就一直不受社會歡迎；幾世紀以來，試圖深入了解罪犯心理、發現他們究竟與一般我們所認為的善良公民有何不同的渴望，一直縈繞在人們心頭。長期以來，大部分研究都是很膚淺的，主要針對辨識知名罪犯身體特徵的方法，在調查和預防犯罪上價值有限。

　　但是，隨著對人類心理的關注與發展，注意力已轉向辨識罪犯思考程序，並進而降低他們未來犯罪機率，或是在犯罪發生之後改變他們的可能性。不過，就在過去一百年，執法單位已經明白，針對不特定主體的特定行為分析（UNSUB）可以提供罪犯的生理特徵、年齡、教育、社會地位及其他因子，以協助調查員縮減必要調查工作的範圍。而且，也是直至桌上型電腦的普及，才可能使用這種必須處理大量資訊的分析方法。

　　這種方法原本被稱為犯罪剖繪（psychological profiling），這些判斷的基礎是一些臨床實際經驗，大部分靠直覺；在許多歐洲國家，特別是英國，大致上仍舊如此。不過，這項技術在美國聯邦調查局及加拿大皇家騎警局的研究下，已大有發展。

　　這兩個機構很早就開始使用電腦分析資料；現在則更進一步擴展到地理剖繪法上（geographical profiling）。在英國，因為「約克郡開膛手」案中傳統資料取得方法的失敗，警察的電腦系統發展出「內政部大型調查系統」（HOLMES）及「中央化分析小組對照殺人專門技術及管理」（CATCHEM）；而其他國家現在則效法美國聯邦調查局的方法。此外，還有許多提供專門技術給調查員、檢察官，甚至受審被告的獨立業者。

有關誰發明「心理」或「罪犯」剖繪這些用語的問題，有許多爭議；不過，1973年美國聯邦調查局的「行為科學小組」（Behavioral Sciences Unit），以及其後1984年「暴力罪犯逮捕計畫」（Violent Criminal Apprehension Program, VICAP）第一次將這項技術系統化，則是大家所公認的。因為美國聯邦調查局集中火力在連續謀殺案、連續強姦案及連續綁架案，所以大部分注意力都放在身體的暴力上；但是，隨著警調機構專業技術、設備的進步，各式各樣的犯罪調查也漸漸開始使用類似的技術。

行為分析的使用，以暴力罪犯為目標，尤其是連續謀殺犯和連續強姦犯；早在1992年電影《沉默的羔羊》引起大眾注目前，行為分析便隨著超過二十年來持續的成功而日漸發展。《沉默的羔羊》依據湯馬斯‧哈里斯（Thomas Harris）所寫的小說改編而成，書中描繪殘忍的精神病患漢尼拔‧萊克特（Hannibal Lecter）醫生；該角色同時也曾經在哈里斯於1981年出版的《紅龍》（*Red Dragon*）一書中出現過。

哈里斯在撰寫《紅龍》時，曾經徵詢美國聯邦調查局的意見。他曾受邀至坎迪克學院，並被准許參加「行為科學小組」有關連續殺人犯的訓練課程。《沉默的羔羊》中被追蹤的角色「水牛比爾」，便是講演中三名謀殺犯真實生活的結合體。

當拍攝《沉默的羔羊》這部電影時，美國聯邦調查局甚至與其合作。他們准許電影班底以坎迪克學院作為拍攝地點，有些場景甚至以學院的員工作為臨時演員。不過，電影中美國聯邦調查局的辦案程序卻引起激烈的批評；不僅因為美國聯邦調查局不曾指派實習生擔任這種案件的調查工作，同時也因為各種程序的錯誤描述。

《沉默的羔羊》的成功，自然產生幾部非常賣座的電視影集。不幸的是，這些影集都暗示，犯罪心理剖繪及行為分析是非常「神奇的」，在追捕犯罪者時是萬無一失的。直覺和實際經驗的確扮演重要的角色，但是關

鍵在於勤勉地搜尋比較資料。如同行為科學小組早期創始會員之一約翰・道格拉斯（John Douglas）對美國電視連續劇《心靈追蹤者》（*Profiler*）所做的評論：「這節目讓一切看起來好像是心理的工作。但是追根究柢，這只不過出自對許多人的訪談，以得到他們到底是什麼的感覺而已。」

除了現在廣泛使用的行為分析技術外（在訊問及危機談判上也有極高的價值），仍有許多其他研究方法是以非特定罪犯的人格及思考程序為重心——「以得到他們到底是什麼的感覺」。在本書中，焦點仍舊放在言詞和書面的溝通上，方法則以心理語言學、文本分析及筆跡分析為主。這些方法與行為分析比起來，都說不上發展成熟，但是已為執法單位所採用。

過去二十年來，許多專業剖繪人員一直都很樂於公開他們的成功，透露他們是如何揪出身分不明的違法者，並將他們繩之以法。然而，我們並不知道這種方法的失敗率有多高。無論如何，研究罪犯性格仍舊是很重要的。探索罪犯心理在對抗犯罪的戰爭中，是一個越來越有力的工具。

# 目次

**第一章　搜尋犯罪性格　16**

幾世紀以來，醫師一直相信個人的生理特徵可以揭露他們是否有犯罪天性。十九世紀便有漫畫諷刺，顱相學家正透過檢驗頭蓋骨的形狀判斷一個人的個性，而雇主將透過這些結果來篩選員工。

面相學／罪犯／人體測量學／體格和性格／與社會疏遠的人／犯罪方法／案例研究：開膛手傑克／漢・葛羅斯博士

**第二章　心理學家的調查　34**

知名瑞士心理學家榮格曾得到這樣的結論：所謂「集體無意識」反應原始人類隔代遺傳的天性，並將個性分類爲許多「原型」。

吸血鬼的錯誤／佛洛伊德、榮格和阿德勒／瘋狂炸彈客／波士頓勒人魔／逮捕／週日早晨的謀殺案

**第三章　對抗野獸的人　56**

安東尼・霍普金斯在《沉默的羔羊》一片中扮演食人魔漢尼拔・萊克特醫生。美國聯邦調查局行爲科學小組的剖繪專家在拍攝電影時提供了許多珍貴專業的意見。

一個孩童失蹤了／團隊擴張／致命的攝影師／「我不想殺她」／對抗野獸／案件分析：李查・特頓・雀斯案／雀斯被

1958年，查理‧史塔克維德展開一連串無目的的殺人行動，威脅了北美大平原。當他被判死刑後，人們問史塔克維德是否願意捐獻他的眼睛以供移植，他回答道：「喔，當然不！從沒有人為我做過什麼。為什麼我得為他們付出？」

剖繪在英國的發展方向與其他國家相當不同，而且基本上主要還是以直覺為主，並不是透過電腦或犯罪調查員進行分析，而是靠犯罪心理學家。

# 目次

# 搜尋犯罪性格

幾世紀以來，醫師一直相信個人的生理特徵可以揭露他們是否有犯罪天性。這張十九世紀的漫畫（左圖）就是在諷刺，顱相學家正透過檢驗頭蓋骨的形狀判斷一個人的個性，而雇主將透過這些結果來篩選員工。

　　為什麼有些人會變成罪犯，而大多數人都是善良老百姓？當面臨相同的誘惑時，為什麼有些人屈服，有些人則仍舊保持正直？

　　幾世紀以來，沒有人思考過這個問題，因為答案似乎很明顯：罪犯要不是生來就如此，無法控制他們反社會的天性；或者他們為某種邪惡之物──邪惡的神祇、惡魔，甚至撒旦所擺布。

　　古代希臘哲學家和醫師非常重視情感的問題，探索情感為何發生，源自身體的何處；但是兩千年來，他們的理論仍無多少發展，直到佛洛伊德和其繼承者的時代來臨。早在西元前六世紀，阿爾克邁翁（Alcmaeon）醫師就完成了第一次人體解剖，並判定推理能力位於大腦；哲學家安佩達可斯（Empedocles）則認為愛恨是改變人類行為的基本因素。

　　早在四百年前，希臘名醫希波克拉底（Hippocrates）描述了一系列在今日被肯認為精神異常的類型，並強力支持精神異常者的法律權利。當時，雅典法肯認心理異常者民事上的權利，但是如果他們犯下刑事上的重罪，仍須負責。希波克拉底的影響改變了法律：如果受法院審理的被告可以證明自己正遭受所謂的「妄想症」（paranoia，這個詞將再次於本書中以更專

HIPPOCRATES.

十九世紀被傳奇化的希波克拉底肖像，他是古希臘的名醫。

門的定義出現）所苦，法官便必須任命一個「監護人」代表被告。

知名的羅馬醫師佳能（Galen, 130-201）建立了人類「靈魂」位於大腦，而且區分為兩半的理論：外部，包含五種感覺；內在，主管想像力、判斷、感覺及行動。不過，一千五百年後，佳能的理論幾乎完全為人所遺忘。有關精神異常的原因，醫學專家選擇維持較為原始的解釋，例如受魔力所迷惑。

## 面相學

透過個人外在特徵，像是額頭、嘴巴、眼睛、牙齒、鼻子或頭髮，能夠判斷一個人天性的想法於十六世紀時出現。法國人巴瑟米・克可列斯（Barthelemy Cocles）將這項研究命名為「面相學」，而在他的著作《面相學》（*Physiognomonia*, 1533）中，他使用許多木雕說明他的觀點。

從十七世紀開始，啟蒙時代的西方哲學家開始對醫學思考產生影響，「心理學」（psychology）這個詞也從此開始使用。儘管如此，雖然大腦的影響（不只行為，還包括疾病）已經漸漸被確認，外在生理特徵仍舊主導診斷。其中一項理論結合了上述方法和大眾的想像力，那就是「顱相學」（phrenology）。

> 「一看到那個頭蓋骨，我立刻便知道……這名罪犯本性的問題。」
>
> ——切薩雷·龍布羅梭

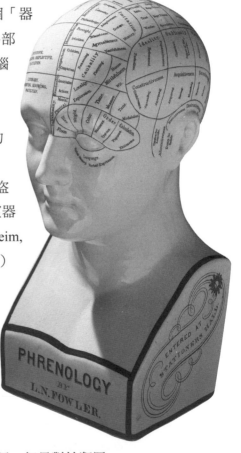

人類頭蓋骨的「凸塊」，據稱顯示了腦下特定「器官」的大小；這理論在整個十九世紀非常流行，直到進入二十世紀也是。像這樣的顱相學頭部模型在許多古董店中都還能找得到。

十八世紀末，法蘭茲·約瑟夫·哥爾（Franz Joseph Gall, 1758-1828）是維也納一名時髦的醫師。他認為大腦是由三十三個「器官」所構成的，可以透過感覺頭蓋骨外部的「凸塊」找到它們的位置及尺寸。大腦一共有三種器官：一、控制人類本性；二、掌管「感情」，例如善心或歡樂等；三、純粹智識上的天性，例如對大小的感知、因果關係的認知等。

哥爾宣稱，這些器官包括謀殺、竊盜和詐騙（包括他著名的人類「生殖」欲望器官）。他和他的門徒史柏展（J. K. Spurzheim, 1776-1832，他後來為其他四個器官命名）被迫離開奧地利，因為他們的想法與當時的醫學界不合；但是，他們的理論頗受法國、英國、美國歡迎。史柏展在愛丁堡公開解剖人類大腦，並指出各種器官的位置；在美國，「顱相學家」穿梭於各大小市集，宣稱可以治癒心理和生理疾病。

顱相學在整個十九世紀仍舊相當流行，但是對於犯罪心理的了解貢獻甚少或者沒有貢獻；儘管現代神經學研究事實上已經揭示了大腦控制感情和行為的區域。犯罪學第一次重要的發展來臨了，不過奇怪的是，這是因為人們對面相學的興趣復甦的緣故。

# 罪犯

　　義大利的切薩雷‧龍布羅梭（Cesare Lombroso, 1836-1909）完成了第一份有關犯罪的研究報告。1866年，他在奧義戰爭擔任軍醫後，被任命為帕維亞的心理醫師。他在那裡開始解剖一些已故病患的大腦，希望可以發現精神異常的結構性原因，但是並未成功。不過，1870年時，他獲悉德國病理學家魯道夫‧維爾喬（Rudolf Virchow）宣稱發現罪犯頭蓋骨的特徵（這些特徵反映了史前時代人類，甚至動物的特徵）。

　　龍布羅梭立刻開始研究義大利監獄中罪犯的面相，並解剖盜匪的身體，尤其重視頭蓋骨；他發現一個微小的生理特徵與齧齒動物類似：「一看到這個頭蓋骨，便如同廣大平原被火紅天空點亮般，我立刻就知道這名罪犯本性的問題——一種隔代遺傳，導致他繁衍出原始人類及低等動物的殘忍天性。」

　　龍布羅梭的發現獲得更進一步的研究支持，而且他開始將他的案例分類為「偶然罪犯」：因情勢環境所逼而犯罪的罪犯；及「天生罪犯」：因為一些遺傳上的缺陷而習慣性地犯罪，而這些遺傳上的缺陷在他們的生理外觀上是顯而易見的。這些「受遺傳」的個人可以由他們的「原始」特徵區分出來：手臂長、視力敏銳（像是捕食動物的鳥類）、下顎寬大及「壺狀」的耳朵。

切薩雷‧龍布羅梭是義大利的法庭醫學教授。他的第一本著作《罪犯》於1876年出版，說明可以透過罪犯身體的特徵，發現他們不同罪犯類型的理論。

　　1876年，龍布羅梭被任命為法庭醫學教授，同年，他出版了《罪犯》（*L'Uomo Delinquente*〔*Criminal Man*〕）一書，很快就享譽國際。在隨後出版的《罪犯人類學》（*Criminal Anthropology*, 1895）一書中，龍布

德國病理學家魯道夫·維爾喬於柏林病理學協會的實驗室中。他發現罪犯頭蓋骨的特徵，這驅使龍布羅梭在超過二十年的時光中，研究超過六千名活生生罪犯的外表。

羅梭以〈六千零三十四名活生生罪犯的研究結果〉對他的發現做出總結：

「刺客的下巴突出，顴骨分得很開，頭髮細而黑，鬍鬚稀疏，臉色蒼白。」

「攻擊者頭短、頭蓋骨圓，手長；前額窄的攻擊者很罕見。」

「強姦犯手短……前額窄。頭髮顏色淡，生殖器及鼻子畸形。」

「至於搶匪，像是小偷等，頭蓋骨測量不規則，頭髮粗；少見鬍鬚稀疏者。」

「縱火犯四肢特別長，頭小，比一般人瘦。」

「騙子的下顎大，顴骨凸出；體重重，臉色蒼白。」

「扒手手很長；高，黑髮，鬍子稀疏。」

龍布羅梭的第一本書遭到嚴厲的批評，批評者抨擊他的論述缺乏正當理由——過分簡化一切。然而，也有人加以支持，如美國社會學家李查·都戴爾（Richard Dugdale）在其所撰寫的《朱克》（*The Jukes*）一書中支持龍布羅梭的犯罪遺傳理論。《朱克》中的主角，是一個聲名狼藉的人物。他出生於十八世紀早期的紐約；都戴爾聲稱曾經追溯他的七百名子孫，大部分都成為罪犯或妓女。

在反對陣營中尤其強烈批評龍布羅梭的，是法國里昂的法庭醫學教授亞力山大·拉卡桑（Alexandre Lacassagne）。他主張犯罪的原因是社會的，並宣稱「每個社會都有他們自己應得的罪犯」。龍布羅梭隨後修正他的理論；在《犯罪：其原因和補救方法》（*Crime: Its Causes and Remedies*, 1899）一書中，他指出

奧地利顱相學家法藍茲·約瑟夫·哥爾在十九世紀頗受歡迎。該理論的支持者聚集在一間擁擠的房間，他對各年齡層、各行各業的人講演，說明這個理論。

# 愛爾鋒斯・貝迪永

　　龍布羅梭第一本書出版時，「巴黎人類學協會」的主席是路易斯・雅多夫・貝迪永（Louis Adolphe Bertillon），他專門研究比較、分類各人種的頭蓋骨形狀和尺寸。他的兒子愛爾鋒斯（1853-1914）起初對他父親的研究不感興趣，不過，當他被任命為警察局的犯罪紀錄書記時，他明白人類學方法可以用來連結被逮捕的嫌犯及過去的罪犯。

　　他父親的一位同事，比利時的統計學家蘭柏特・克特勒特（Lambert Quetelet）曾經宣稱，每個人的人體測量結果都不一樣，而小貝迪永則向長官提出相關的辨識系統。

　　1882年11月至1883年2月之間，貝迪永煞費苦心地建立一千六百項犯罪紀錄的檔案卡系統，他互相參照被逮捕罪犯的測量數據。1883年2月20日，他第一次獲得成功。一個自稱「杜邦特」的人被帶到他面前來，測量他的身體後，貝永迪開始從他的檔案進行挑選。他終於成功地挑出一張卡片，他驚叫：「去年12月15日你曾經被逮捕過！當時你自稱馬丁。」這項成功成為巴黎報紙的頭條新聞。該年底，貝迪永共辨識了五十名累犯；1884年他辨識了超過三百名累犯。整個法國的警方和監獄立刻採用「貝迪永方法」。

　　之後，貝迪永開始利用被捕嫌犯及犯罪現場的照片。他建立了存取罪犯正面及側面肖像的程序（至今仍是例行公事），以及他所謂「逼真的人像」。這是一個描述臉孔形狀特徵，像是鼻子、眼睛、嘴巴、下顎的系統，之後成為依據證人描述，由各類眼、鼻、下巴等部位拼製組成的嫌犯面部像，及更多現代辨識方法的系統。

　　雖然貝迪永曾經被認為有採用指紋技術的成就，但事實上，雖然他有時候會記錄罪犯的指紋，他仍舊相信其測量系統的崇高性，而且時常忘記採證罪犯的指紋。隨著世界各地於二十世紀早期開始採用指紋系統，法國的「貝迪永系統」便漸漸被人們所揚棄。

照相是項相對先進的技術，為小貝迪永（上圖）積極採用。為「貝迪永系統」及「逼真的人像」帶來額外助益。

其研究結果部分支持拉卡桑的想法：當糧食足夠時，有關財產的犯罪會減少；但有關人身的犯罪，尤其是強姦罪會增加。龍布羅梭晚年時承認「犯罪類型」不再能單純地透過生理特徵來分辨。

## 人體測量學

　　龍布羅梭原先的理論是人體測量學的延伸發展，亦是1859年達爾文出版《物種起源》後產生的人類學分支。

　　人體測量學的愛好者將一切投注於人類身體測量上，尤其是人類的骨骼，他們希冀可以支持或駁斥達爾文的人類演化論。其中將人體測量學原則適用於罪犯研究的，是愛爾鋒斯・貝迪永（Alphonse Bertillon）。

　　起初人體測量學曾引起其他犯罪學家的注意，但是，自從指紋被國際接受為確認罪犯身分的可靠方法後，很快就被棄而不用。不過，指紋分析和貝迪永的人體測量一樣，只被用作確認先前已被定罪的罪犯，以及連結嫌疑犯及犯罪現場的方法而已。因為指紋無法檢驗一個人是否天生有犯罪傾向，有些專家仍舊繼續研究外表特徵與犯罪性格的關連性（就這方面必須指出，手相術士〔警察和犯罪學家認為他們與巫士半斤八兩〕宣稱他們有能力透過一個人的掌紋看穿他的心理傾向）。

一名警察正在以「貝迪永方法」測量一名嫌犯的耳朵。1908年，美國紐約警察總局。

## 體格和性格

　　二十世紀初，德國精神病學家恩斯特・克來特斯莫（Ernst Kretschmer）出版了《生理與性格》（*Physique and Character*）

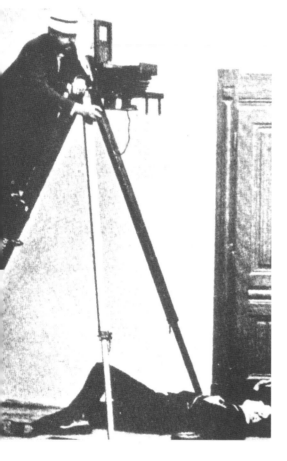

貝迪永對攝影的興趣，促使他發展出「攝影樓梯」；他可以調整樓梯的高度，讓他得以在被害者死去時倒下的位置拍攝整個屍體。之後，犯罪現場的攝影在調查上扮演的角色甚至更為重要，而且現代心理剖繪專家非常細心地研究它。

――――――

一書。他在書中描述了有關這個主題的研究，但是直到1949年，美國人威廉・雪爾頓（William Sheldon）才在他的著作《各種青少年犯罪》（*Varieties of Delinquent Youth*）中，第一次有系統地連結身體類型與青少年犯罪。他主張所有人類體質都屬於三種基本類型之一：

胖型體質：鬆軟、圓、豐滿。具有友善、善社交、深情、讓人感覺舒服的性格。

運動型體質：強壯、肌肉發達、具有運動細胞、骨骼發育良好。這種人的個性堅強、獨斷，有攻擊傾向，偶爾性情暴躁。

瘦型體質：瘦弱、通常身體虛弱、骨架小、沒有肌肉。他們傾向過分敏感、害羞、冷淡、不善交際。

雪爾頓檢驗了波士頓矯正中心的兩百名男子，將他們與一份以四千名學生為研究對象的研究報告做比較，並做出運動型體質的青少年比較容易犯罪的結論。這個理論在艾琳諾與雪爾頓・葛閣克（Eleanor and Sheldon Glueck）《解析青少年犯罪》（*Unraveling Juvenile Delinquency*, 1950）一書中進一步被檢驗；作者為這個理論找到一些論據，但是最後他們還是認為青少年犯罪與各種生理的、環境的和心理的結合因素有關。

## 與社會疏遠的人

二十世紀初期，犯罪學家開始將注意力從「罪犯類型」的生理特徵，轉向導致人們犯罪的心理過程——即心理學。他們受佛洛伊德與榮格所領導的維也納心理學派提出的新想法所鼓舞（參閱第二章）。

英國社會學家查理‧格林博士（Charles Goring）是龍布羅梭理論的主要批評者。格林博士宣稱，他發現許多英國大學生的生理特徵都符合龍布羅梭的罪犯生理類型。他在自己所著的《英國囚犯》（*The English Convict, 1913*）一書中，聲稱許多罪犯在智識上較差，並認為這與犯罪有直接的關連。

這和龍布羅梭的「隔代遺傳」的類型分類一樣，是一個普遍化的歸納，而且在許多例子中顯然不是真的。但是，格林同時也指認出他所謂「寂寞的狼」或是經濟學家兼哲學家馬克斯所謂「與社會疏遠的人」。這種人覺得自己被社會孤立、誤解，並因此相信採取自己的行為準則是正當的。「與社會疏遠」的概念成為心理學家評估犯罪不可或缺的一部分。

這是犯罪慣用的手法之一，罪犯用這個工具破門而入，並進行謀殺；還有其他許多特殊因子可以確認犯罪者的身分。

## 犯罪方法

從十九世紀中葉開始，刑事調查員就明白，可以透過「犯罪慣用手法」（modus operandi, MO）確認累犯的身分。像是進入建築物的方法、打開保險箱的方法、使用工具的方法、爆炸發生的形式；在謀殺案中，則像是被害者被挾持、殺害，甚至分屍的方法——這些全都顯示連續犯罪是由同一個人所為。

在連續殺人案中，殺手時常在犯罪現場留下一些「犯罪特徵」（signature），例如屍體被拋棄的方法，或是其他異常證據等等。

不過，不應混淆犯罪特徵與犯罪慣用手法。犯罪慣用手法是一項透過學習獲得的行為，隨著罪犯的經驗修正漸趨完美。至於犯罪特徵則是罪犯用來滿足其心理快感的；這雖然不是完成犯罪的必要條件，但通常是犯罪的原因之一。

## 案例研究：開膛手傑克

即使在一個世紀之後，剖繪專家仍舊著迷於「開膛手傑克」。這位維多利亞式的謀殺犯，導致 1888 年末倫敦東區居民的恐慌。本案特別吸引犯罪剖

### 血液會說話

隨著基因研究在二十世紀的進展，研究人員似乎有了令人興奮的發現。有關人類的所有資訊都在二十三對染色體上，控制了像是髮色、眼球顏色、身體結構等生理特徵。其中一對染色體決定了一個人的性別：如果是女性，這對染色體是 XX；如果是男性則是 XY。

男性的 X 染色體來自母親，Y 染色體來自父親。不過，我們發現有些男性結合了三種染色體：XXY 或 XYY。因為 Y 染色體與男性有關，所以我們假定 XYY 的男性將會是個「超級男人」，有可能更具攻擊性，甚至犯罪。一份出版於 1965 年的報告指出，有 XYY 染色體的男性進入精神病院的比例比一般人高，並宣稱他們「性格危險，有暴力、犯罪傾向」。

然而，後來的研究顯示，有 XYY 染色體的男性犯罪率高，但是他們犯的都是輕微的侵犯財產罪，而且他們犯下暴力犯罪的機率並不比一般染色體為 XY 的男性來得高。

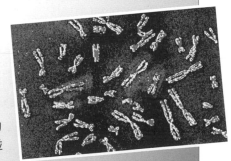

許多對染色體。

一份一分錢的小報刊登了一張開膛手傑克在東倫敦白教堂區謀殺被害者的想像畫。這幅畫是畫家想像第一名被害者屍體於1888年8月31日,被巡邏員警發現時的情況所繪。

繪專家,因為這是警方第一次試圖搜集證據,建立連續殺人犯的心理剖繪。

在8月及11月之間,五名婦女(全都是妓女)的喉嚨被殘忍地割開,其中四名妓女的身體都被駭人地分屍。在第一件謀殺案發生後,一份報紙報導:「這是有史以來最凶猛、殘暴的謀殺案。」在這件謀殺案,以及一個星期內發生的另一起謀殺案中,被害者的腹部都被切開,後來的肢解方法也變得越來越殘酷。大眾的恐懼在三個星期後上升到頂點,當時中央通訊社收到一封以紅色墨水署名「開膛手傑克」的信件。

信中寫道:「你們很快就會知道我那些有趣的小遊戲。上次我在薑汁汽水瓶中收集了一些紅色顏料,用來寫信,但是它變得像膠水一樣黏,沒辦法用了。我希望紅色墨水能用。哈哈哈。」

9月的最後一天,就在這封信發出的第二天,又有另外兩位女性的屍體被發現了。隔天,中央通訊社收到一張明信片,和上封信筆跡相同,而且顯然是用鮮血寫成的。上面宣稱:「這一次,你們將於明天得知莽撞傑

克的兩件行動……」

現在，大部分專家都深信，這封信和明信片只是一場騙局，是一個希望增加大眾對本案注意力的記者寫的；但是另一封兩週後寄給倉促建立的保安委員會會員的信件，筆跡就明顯不同。出處寫著「來自地獄」，並於信末寫道：「如果你們有辦法，就來抓我啊。」包裹中還夾帶了一個可怕的戰利品——半個人類的腎臟。

第五次謀殺案（公認開膛手傑克最後一件案子）是所有案件中最凶殘的。謀殺案發生在這名妓女租用以提供性服務的房間內，因此開膛手傑克有很多時間進行他的血腥謀殺計畫。被害者的頭部幾乎完全被切斷，身體部分被肢解，大部分的肉都被剃下來，放在一張血肉模糊的桌子上。從這種犯案手法看來，警察認為凶手可能熟悉醫學專業。

解剖第五名被害者屍體的法醫是湯馬士・邦德醫師（Thomas Bond）。原本他的工作只是提供開膛手傑克外科手術能力的意見，但是他繼續提供警方有關殺手的描述。他斷言，這五件謀殺案都出自同一人之手，他告訴刑事調查員：「這名謀殺犯一定是一個力氣很大的男性，成熟冷靜、敢於冒險。沒有證據顯示有共犯。依我之見，他必定定期有殺人欲望，而且是個好色之徒。分屍的特徵表示一種性欲上的狀態，那可以稱為『男色情狂』（Satyriasis）；當然，殺人的衝動有可能是來自於報復心理或宗教狂熱，但我認為本案不是如此。

這張走廊與樓梯的照片是第五名被害者被發現的位置。

一名出色調查員警的必要條件之一，就是對人類有深刻的洞察。

「這名殺手外表看起來可能一點也不具攻擊性，中年，穿著整齊得體。我認為他有穿著斗蓬或大衣的習慣，不然他的手上若沾滿了血，或者衣著很引人注目，不可能不引起路人的注意。

「假設謀殺犯就如同我所說的，他大概是個隱士，而且行為古怪；他很有可能沒有固定的工作，但是有一些微薄的薪資或救濟金。他可能生活在一些高尚人士之間，有人知道他的個性和習慣，可能也偶爾懷疑他的腦袋有點問題。這些人可能因為擔心影響名聲而不願意向警察報告他們的懷疑，但是若有些獎賞的話，這些人或許會願意放棄心中的顧忌，出面發聲。」

至於開膛手傑克是否具有切割肉類、內臟、魚類的專業經驗，邦德博士則認為：「每件分屍案都是由沒有科學或解剖知識的人所為。依我之見，他甚至沒有屠夫的專業技巧，或習慣切割死亡的動物。」

儘管有邦德博士提供的指導方針，開膛手傑克從來沒有被繩之以法。雖然有幾名嫌犯，但筆跡都不合。好幾年下來，調查人員紛紛指名許多可能的嫌疑犯，從發狂的助產士到艾伯特‧維多王子（維多利亞女王的孫子）。犯罪推理作家派翠西亞‧康薇爾（Patricia Cornwell）在她的著作《開膛手傑克結案報告》（*Jack the Ripper: Portrait of a Killer*, 2002）中宣稱知名畫家華特‧席肯（Walter Sickert）就是殺手。

即使美國聯邦調查局也曾經在開膛手傑克百年紀念活動時提出他們對本案的評估，而且與邦德博士的評估類似（參閱第三章）。但只有一件事是確定的：我們永遠無法證明開膛手傑克的身分。

# 漢‧葛羅斯博士

正式的犯罪調查首次於漢‧葛羅斯博士（Han Gross）的著作《犯罪

系統》（*System der Kriminalistik, 1893*）中詳細描述。本書的英文版《犯罪調查》（*Criminal Investigation*）則於1907年出版，超過半世紀以來都是警方刑事調查員的聖經。葛羅斯（1847-1915）是一名奧地利的行政官，他強調犯罪調查是一項科學、一門技術。他先後擔任布拉格大學的犯罪學教授，及蓋茲大學刑事法教授。

葛羅斯寫道：「一名出色調查員的必要條件之一，就是對人類有深刻的洞察……生活中的一切都可以利用：每一段對話、每一個陳述、每一句不小心說出口的話、一舉一動、呼吸、各種特徵、各種行為、任何一個神情或姿勢……」他認為有經驗的調查員也可以從犯罪的方法及特質，也就是犯罪慣用手法，推斷罪犯的人格特徵。

到了十九世紀末，罪犯心理評估協會成立了。

1888年9月底，已經有四名妓女死於邪惡的開膛手傑克之手。這四起案件如本圖所示，都發生在戶外，但是第五起被認為是開膛手傑克所為的謀殺案則發生在被害者的寓所。

## 柯南・道爾、福爾摩斯及約瑟夫・貝爾博士

　　一個世紀以來，福爾摩斯一直是小說中最知名的偵探。他是亞瑟・柯南・道爾的傑作；柯南・道爾在1887年至1927年的四十年內撰寫了四本小說，五十六篇短篇小說。福爾摩斯驚人的破案率可以歸功於他專業的技術。道爾透過福爾摩斯與華生醫生間的對話，巧妙地解釋偵探如何使用分析的力量，歸納一個人的本性、職業或犯罪個性。

　　在發展第一篇故事的角色時，道爾寫道：「我想到我的老師喬・貝爾（Joe Bell），他如老鷹般的臉、他好奇的態度，以及他探索細節的神祕技巧。如果他是一名偵探，他就可以讓一件神奇但沒有組織的事幾乎成為科學。」

　　喬・貝爾就是約瑟夫・貝爾博士，在愛丁堡皇家醫院擔任外科醫生；是道爾醫學院的教授之一。

　　「基於某種至今我仍不明白的理由，他從一大群學生中挑出我，要我擔任他門診工作的職員。因此我得要安排他的門診病人、記錄他們的病例，並一個接著一個輪流傳喚他們進入貝爾坐著的大房間裡……從而我有許多機會觀察他的方法，並發現他透過短暫的一瞥而獲得的資訊經常比我透過詢問而獲得的資訊多。結果偶爾會非常戲劇性……在他最出色的一件病例中，他對一位病患說：『唔，你曾經在軍隊裡服務吧？』」

　　「『是的，醫師。』」

　　「『除役沒多久吧？』」

　　「『是的。』」

　　「『你屬於蘇格蘭高地兵團？』」

　　「『是的，醫師。』」

　　「『你是一名士官吧？』」

　　「『是的，醫師。』」

　　「『營隊在巴貝多？』」

約瑟夫・貝爾博士是柯南・道爾在愛丁堡皇家醫院的良師益友，他「探索細節的神祕技巧」成為福爾摩斯的模型。

福爾摩斯在《血字的研究》中第一次出現
在大眾面前，展現他驚人的調查能力。

———————

　　「『是的，醫師。』

　　「接著他解釋說：『你看，這名男子很恭敬，但是卻沒有脫下帽子。他現在
不在軍隊裡服務，但在除役之前曾經長期待在軍隊裡，並學過軍隊禮儀。他有股威
嚴之氣，絕對是蘇格蘭人。至於巴貝多，則是因為他有象皮病的徵狀，這是西印度
群島的疾病，而不是英國的疾病。』對如華生醫生般的聽眾而言，在他提出解釋之
前，一切是如此不可思議。」

　　福爾摩斯出現後幾年，貝爾博士在一封寫給刊載道爾著作的《史全德》
（Strand）雜誌的一封信函中，確認了他的方法。他寫道：「面相學幫助你判斷一
個人的國籍、口音，判斷一個人來自什麼區域；如果你訓練有素，甚至可以判斷他
來自什麼城鎮。手會留下紀錄。礦工的疤痕和採石工人是不同的。木工手上的繭，
和水泥工人的是不同的。製鞋匠和縫衣師父是大不相同的。軍人和航海員走路的姿
態不同，不過我上個月才和一位軍人談過話，他小時候曾經航海過。題材是無窮盡
的，手上、肩膀上的刺青將告訴你他們的故事和旅程；移民者錶帶上的裝飾將告訴
你他是在哪裡致富的……」

　　道爾筆下福爾摩斯的推論方法出自早期對貝爾博士的觀察，但是混合了巧妙
且富有想像力的分析，使得他建立了一套技巧，以及可以作為真實生活中調查員的
研究案例。現代鑑識科學的建立者之一，偉大的法國犯罪學家愛德蒙‧羅卡德博士
（Edmond Locard）就是福爾摩斯迷，並推薦人們閱讀道爾的故事。

# 心理學家的調查

知名瑞士心理學家榮格曾得到這樣的結論：所謂「集體無意識」
反應原始人類隔代遺傳的天性，並將個性分類為許多「原型」。

　　儘管二十世紀的前四分之一時間裡，社會學致力於犯罪
研究，有關心理學家面對面訪談被定罪殺人犯的第一次報導，
直到1930年才出現。由德國精神病學教授卡爾·柏格（Karl
Berg）主導，他在連續殺人犯彼得·庫登（Peter Kürten）——
「杜塞多夫吸血鬼」——被處死前訪問了他。

　　庫登出生於1883年，他的妻子（1923年與他結婚）總是
和鄰居說他是個溫柔、保守、談話溫和的人，時常上教堂，很
疼愛孩子。審判時，他穿著整齊的西裝，據說還散發古龍水的
味道。然而，庫登被控九項殺人罪和七項意圖殺人罪，並在警
方訊問時自認犯下強姦、分屍和謀殺等罪行。

　　庫登的犯罪生涯始於十七歲，當時他因為竊盜微罪被判兩
年徒刑。之後又經歷許多審判；事實上，庫登四十七年的生命
中，有二十年是在監獄中度過的。1913年，出獄後經過七年辛
苦的勞動生活，他犯下生平第一起謀殺罪。他發現一名十三歲
女孩睡在她父親於科隆－幕爾漢開設的小旅館的窗戶旁，他在
用小刀切斷她的喉嚨前先勒死她。女孩的舅舅被控謀殺，但是
罪證不足；庫登並沒有被懷疑。

　　並不清楚庫登之後幾年的行動；警方相信他與一連串性侵
害案件有關，雖然少數被害者曾向警方報案，但沒有人指認出
庫登。接著於1929年，在二十三起大多是攻擊年輕婦女的案件

連續發生後，一場近乎歇斯底里的浪潮橫掃杜塞多夫。該年2月，一名年輕女子被剪刀捅了二十四刀，她的尖叫聲嚇壞了殺手，而得以倖存。六天後，一名九歲女孩也被剪刀刺死，殺手試圖以煤油焚毀屍體。四天後，一名被害者被以同樣的方法殺害，而且殺手喝下從她傷口噴出的鮮血。

一名女子在8月慘遭相同的命運。之前則發生兩起殺人未遂案，所以倖存者得以向警方描述凶嫌的樣貌。但是，更多凶殺案繼續發生，包括一名五歲女孩。現在殺手放棄剪刀，改以一把舊鐵鎚將被害者活活敲死。

# 吸血鬼的錯誤

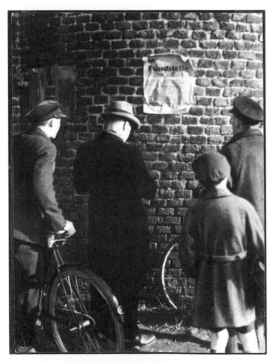

1929年，可怕的殺人犯引起杜塞多夫一陣恐慌；市民正在閱讀警方有關最新殺人案的公告。

1930年，「杜塞多夫吸血鬼」犯了一個致命的錯誤。他在科隆挑選了一名年輕女子，瑪麗亞·巴迪利斯（Maria Budlies），她剛抵達科隆，並準備開始找工作。他將她帶到他與妻子同住的公寓，試圖強姦她，然後將她帶往附近的森林裡準備勒死她。但他突然鬆手，並問她還記不記得他的地址。她向他保證不記得，之後他什麼也沒說就把她給放了。

瑪麗亞並沒有向警方報案，但是在一封寫給友人的信中描述了這件事。巧合的是，這封信的地址錯誤，被

一個郵局的員工打開。他立刻將
這封信交給警察，警察循線找到
瑪麗亞，而且發現事實上她記得
這名男子的住址等相關重要細
節。偵探將她帶到那裡，她驚訝
地看到攻擊者從房宅內走出；房
東說這名男子叫彼得‧庫登。隔
天，他的妻子來到警察局，告訴
警察，她的丈夫就是令人恐慌的
「杜塞多夫吸血鬼」。

警察在逮捕彼得‧庫登後所拍的照片，顯
示他是個出乎意料地鎮靜、有自信的人，
是個負責任好公民的典範。

　　庫登在審判庭上提出精神異常抗辯，但被駁回；所有罪行都被判有
罪，並判處斬首。在監獄中，他開誠布公地與卡爾‧柏格博士交談。他說
他的父親是科隆－幕爾漢的沙製模工，家裡有十三個小孩。庫登的父親是
個酒鬼，時常虐待妻兒，後來因為企圖亂倫被判入獄。庫登年幼時就展現
暴力性格，企圖將玩伴的頭壓在水裡，想淹死他。

　　柏格博士表示，庫登的性意識很早就開始發展了。他說他從幫助地
方捕狗隊折磨、殺害動物中獲得性快感。十三歲時，他就開始放縱他的獸
性，後來成為縱火犯：「火焰的景象讓我快樂；尤其令我興奮的，是看到
人們努力救火，並眼睜睜看著自己財產被火燒融。」庫登的直言、機智及
他回想過去二十年行動的能力令柏格震驚。庫登說，十六歲時，他曾經參
觀一座蠟像博物館的驚悚展示間。他告訴一個朋友：「將來有一天，我也
要變成這樣的人。」後來，「開膛手傑克」的故事激勵了他。他說：「當我
在監獄裡，仔細思索我所閱讀的故事時，我想如果我出獄後也可以做同樣
的事，將會令我無比快樂。」他告訴柏格，他曾渴切地凝視記錄他自白的
速記員赤裸的咽喉，心中充滿勒死她的渴望。

　　在審判時，庫登說：「我並沒有殺害任何我熱愛或厭惡的人；我殺害
任何一個當我充滿殺人欲望時出現在我面前的人。」

他在被斬首前飽餐一頓，據說他曾轉向斷頭臺上的劊子手問道：「我能夠聽到我血液迸出的聲音嗎？那將會是結束一切的喜樂。」柏格教授稱他為「自戀精神病患」、「性變態皇帝」。

## 佛洛伊德、榮格和阿德勒

卡爾‧柏格撰寫了一篇有關庫登案的重要著作，但是直到1945年，英文版才問世（和《虐待狂》〔The Sadist〕一書一樣）。同時，心理學家則採用主流理論研究犯罪。

1930至1940年代，心理學的主要理論就是佛洛伊德（1856-1939）及其前共同研究者榮格（1875-1961）和阿德勒（Alfred Adler, 1870-1937）。他們三人全是維也納的精神病醫師，而佛洛伊德則是這個團隊中的先驅。他透過談論自身的經驗和情感，開始建立他的理論。他回想自己童年的記憶，並將之與病人的童年比較，最後得到一個結論，就是性衝動（sexual instincts）從嬰兒時期就已經存在，而且可能因為家庭的影響而

在彼得‧庫登的審判中，他身著整齊、有鈕釦的西裝，以及打得一絲不苟的領帶。他甚至還噴了古龍水。

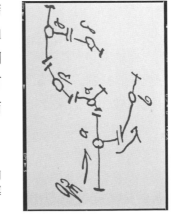

這幅佛洛伊德畫的素描說明了他所認為的壓抑是如何運作的。

佛洛伊德首創的夢的解析以及他強調的性壓抑，建立了現代心理學理論的基礎。

有不同的發展。這產生佛洛伊德「伊底帕斯情結」的概念，兒子對母親的性愛情感，以及隨之而來與其父親競爭的感覺。

　　佛洛伊德開始分析他的夢，以及病人的夢。在他的巨著《夢的解析》（*Die Traumdeutung*, 1900）中，他主張夢是個人願望、滿足的偽裝，性壓抑的證據。儘管醫學界對他的觀點充滿敵意，但他仍堅持這個觀點，並在各種社會與反社會行為的實例中尋找性壓抑的證據。在之後的出版品中，

榮格曾經追隨佛洛伊德幾年,但是中途退出,建立自己的理論。榮格相信可以追溯至人類原始本能的「集體無意識」,導致他開始研究出人意表的主題,如煉金術和幽浮。

他提出了一個將潛意識分為三類的理論:「本我」,與本能驅欲和即刻滿足原始需求有關;「自我」,意識到自己與外在現實有關,盡力控制外在行為;以及「超我」,是無意識的要素,包含家庭或社群的道德標準、行為規範、良知等。

當納粹黨於1938年侵佔奧地利時,佛洛伊德及其家人從德國蓋世太保的魔掌逃出,並移民至英格蘭;後來他的女兒安娜在此成為知名的兒童精神分析學家。

年輕的榮格來自瑞士,曾經是佛洛伊德的追隨者,但是1913年他揚棄了佛洛伊德的理論,發展出另一套理論,諷刺地反映了舊時龍布羅梭令人質疑的人體測量學。榮格分析自己的夢,並得到這樣的結論:「集體的無意識」反映了原始人類「隔代遺傳」的天性。他將個性分為幾種「原型」,他認為任何人都屬於這些類型之一。榮格同時也區分了「外向型」(extroverts)和「內向型」(introverts),前者有處理外在世界、人群的傾向;後者則將他們的感覺集中於內在。

阿德勒也一樣,剛開始時是佛洛伊德派的分析員,但是1911年他也揚

棄了佛洛伊德的理論，建立他自己的研究小組。阿德勒年幼時個頭小且身體虛弱。1917年，他出版了一本開創性的著作《器官缺陷及其身體補償》（*Organ Inferiority and Its Psychical Compensation*），他主張一個人出生時若有生理上的缺陷，像是耳聾、視力不良或跛腳，他們都會無意識地修正自己的個性，以補償天生身體上的不足。這個理論也可以說是導因於龍布羅梭。基於這個基礎，阿德勒發展出「自卑情節」（inferiority complex）的概念：人類補償自身身體缺陷的欲望。這可能源自任何身體上的缺陷，他相信所有小孩，甚至那些在溫暖家庭中長大的孩子，都可能為這種感覺所苦。他主張「權力欲」是正常的，它在決定行為上比原始性衝動重要。

另一位具有影響力的心理學家是德國的理查・克拉克夫・埃賓（Richard von Krafft-Ebing, 1840-1902）。他廣泛地研究性的行為，並於

## 阿德勒談犯罪

阿德勒寫道：「罪犯對其他人是沒有興趣的。」基本上，他相信「所有的罪犯都是懦夫」，他們無法以社會接受的方式處理自己遭遇的難題。他說，犯罪是懦夫對英雄氣概的模仿。當罪犯被發現時，他們相信那是因為他們不夠聰明，或者只是純粹運氣不好；「但是，下一次我應該可以以智取勝」。而且如果他們沒有被發現，他們會因為同僚的尊敬而強化其優越感。阿德勒宣稱，死刑沒有威嚇作用，罪犯仍舊深信，因為他們的機敏，所以一定不會被抓到。

1920年初，阿德勒主持兒童輔導診所，為孩童、父親、老師提供諮詢。1932年，他加入當時的長島醫學院。

阿德勒主張「權力欲」是正常的，它在決定行為上，比作為佛洛伊德理論重心的原始性衝動重要。

理查‧克拉克夫‧埃賓在精神病學上有關性的研究比佛洛伊德早了十年。他為「虐待狂」和「受虐狂」的概念提出定義。

1886年出版了《性病態：238個真實檔案》（*Psychopathia Sexualis*,〔*The Psychopathology of Sexuality*〕）一書。埃賓發現，人類透過身受痛苦或羞辱而得到性快感，或者反過來，透過其他人的苦痛而獲得性快感；這分別被他稱為「虐待狂」（sadism）和「受虐狂」（masochism）[1]。

這些理論從而成為1930及1940年代犯罪學家進行研究時的主要依據。儘管許多分歧的理論近來已經有所進展，它們仍舊是現代犯罪心理學的主要基礎。

## 瘋狂炸彈客

1940年11月，提供紐約市電力的愛迪森公司內發現了一枚小型的土製鋼管炸彈。現場留下一張字跡整齊的便條：「康‧愛迪森‧克魯克斯，這是給你的！」當時警察並不認為茲事體大，但是十個月後，另一枚類似且已裝好引線的炸彈在街上被發現時，他們的想法才有所改變。

---

1　譯註：埃賓以法國作家薩德（Sade）和奧地利作家馬索克（Masoch）之名創造出「虐待狂」和「受虐狂」，時常被簡稱為SM；這兩位作家的作品中都有明顯的虐待、受虐傾向。

1941年12月，日本攻擊珍珠港，不久警方便收到一封來自紐約市外西契斯特郡的信件。再次，整齊的筆跡寫道：「戰爭期間，我不會再製造更多的炸彈——我的愛國心驅使我做出這樣的決定——我晚點才會將康·愛迪森繩之以法。他們必將為其卑鄙行為付出代價。F. P.」

接下來五年內都沒有任何炸彈出現，但是康·愛迪森、報社、百貨公司和旅館都陸續接到類似的信件，共十六封。警察開始懷疑「F. P.」放棄他的計畫，或者已經死了。接著於1950年3月25日，紐約中央車站中又發現另一枚還沒引爆的炸彈。

這三枚炸彈都是精心製造而成；警方希望這位炸彈客沒有引爆這些炸

1951年至1954年炸彈客的行動增加，其中有十二枚炸彈在紐約市各處爆炸，還有一些則尚未被發現。一枚炸彈於廣播音樂廳引爆，但無人傷亡。

彈的打算。不過，下一次，放置在紐約市立圖書館電話亭的炸彈真的引爆了，幸好無人傷亡。而報社接獲的信件更令人驚悚：「伸張正義。」

從1951年至1954年，其他十二枚炸彈分別在紐約的廣播音樂廳、港局車站、洛克斐勒大廈及其他許多地點爆炸。1954年，一枚放在電影院椅子底下的炸彈，造成四人受輕傷；這是第一次造成傷害。

1955年出現六枚炸彈，兩枚沒有引爆。而且炸彈變得越來越具有毀滅性，顯然炸彈客越來越生氣。他寄了更多信件給警察，甚至撥電話，但是他的聲音輕柔、沒有特徵，警方無法確定他的身分。在寫給《先鋒論壇報》（Herald Tribune）的信中，他做出這樣的結論（照例用大寫字母）：「至今我已經放置了五十四枚炸彈、打了四通電話，這些爆炸還會繼續下去，直到康‧愛迪森被繩之以法。」

1956年12月2日，一枚炸彈在布魯克林區的百樂門劇院引爆，造成六人受傷，其中三人重傷；急診室的醫師通宵熬夜挽救其中一名被害者的性命。就在三個星期後，《美國日報》（Journal-American）的編輯發布一封給瘋狂炸彈客的公開信，請求他自首，並願意提供管道公開他的不滿。兩天後，他們接獲回信，信中暗示將「處置」三名已經退休的行政官，包括前州長。信中同時也羅列1956年放置的十四枚炸彈，其中許多枚在當時還沒有被發現。

不久，另一封信又寄來，提供了炸彈客身分的線索：「我在愛迪森電廠工作時受傷，造成我終身殘障。當我為自己的生命奮鬥時，公司並沒有提供任何補償或幫助；我不應該受到這種懲罰……」

因為找到有用的公司紀錄的可能性似乎很小（炸彈客前前後後間歇活動有將近十六年的時間），紐約警察局犯罪實驗室的調查員愛德華‧芬內（Howard E. Finney）革命性地決定諮詢一位精神病學家。他選擇了詹姆士‧布魯塞爾博士（James A. Brussel）；布魯塞爾對精神異常的罪犯有多年研究經驗。

首先，布魯塞爾推論，信件並非出自土生土長的美國人之手，因為信

中內容並沒有日常的美國腔；像是「他們必將為其卑鄙行為付出代價」的用語，顯示他是老一輩的人。信函的樣式並不是德體或拉丁體，因此布魯塞爾認為這些信係出自斯拉夫人之手，他可能是移民，或者是父親那一代移民至美國。

布魯塞爾說，炸彈客是個偏執狂，心理上有被迫害幻想。因為布魯塞爾相信偏執是在人們三十幾歲時發展出來（這並不是一般被接受的觀點），他推測這名男子大約五十歲。如同其他偏執狂患者，儘管他可能處於精神異常邊緣，但是他小心翼翼地嚴密控制著。信上整齊的大寫字體支持這樣的推論，不過，布魯塞爾被字體異常的「W」嚇了一跳，這個「W」是由兩個「U」構成的。身為佛洛伊德精神分析學派的追隨者，他認為，這些字體看起來像是女人的胸部，並推論這名男子迷戀他的母親。

布魯塞爾在結論中寫道：「這是一名單身男子，年齡介於四十至五十歲之間，個性內向。與社會疏離，但是不反社會。經驗豐富的機械工。狡猾。善於使用工具。對自己的機械技巧感到自負。看不起其他人。憎恨苛求他的工作，但是有可能會掩飾他的憤怒。有道德心。誠實。對女人沒有興趣。高中畢業。精通軍械。篤信宗教。可能曾在有人批評他的工作時勃然大怒。可能的動機：被解雇或者被訓斥。覺得自己比批評者優越。怨恨不斷增生。現在或曾經是愛迪森公司的員工。可能患有漸進妄想症。」

其中大部分結論是從信件中推測出來，有些預估後來被發現是錯誤的，不過許多結論則被證明是驚人地正確。布魯塞爾告訴警方，嫌犯體態良好，沒有鬍子。他未婚，可能與一位老婦（親屬）同住，或許是他的母親；他穿著雙排鈕釦西裝，釦子都扣得好好的。

正當警方在思考這些細節時，《美國日報》收到一封用打字機打的信件。信中有部分寫道：「我在愛迪森電廠工作時受傷——1931年9月5日……」接著，警方密集地調查愛迪森公司殘留的紀錄，純屬幸運，相關的文件被找到了。這名男子

布魯塞爾博士說，「瘋狂炸彈客」有被迫害妄想的精神疾病。

布魯塞爾博士有關「瘋狂炸彈客」的剖繪中，描述他體態良好，沒有鬍子，大約五十歲。當喬治·米特斯基於1957年1月被逮捕時是五十二歲，與布魯塞爾的描述很接近。

叫作喬治·米特斯基（George Metecky），波蘭移民的兒子，出生於1904年，曾經在鍋爐爆炸意外中受傷，並導致他得到肺炎和結核病。他拿到微薄的一百八十美金賠償。康乃迪克州的橋港有很大的波蘭社群；而信件的寄發地西契斯特郡則介於橋港和紐約市之間。

　　探員在橋港附近的偉特柏力找到米特斯基的住家，他與兩位年長的姊姊住在一起。警方登門造訪時，一位面容溫和、身體強壯、戴著金邊眼鏡的中年男子打開門。因為當時已經過了午夜，他在睡衣外穿著睡袍；探員

叫他穿好衣服。當他再次出現時，他穿著襯衫、打領帶，以及整齊的雙排
鈕釦西裝，釦子都扣上了。車庫的調查顯示，他的工作室裡有車床，及一
段用來製造炸彈的管道。在米特斯基的臥室中發現了他用來撰寫最後一封
信的打字機。在警察局裡，米特斯基樂於承認自己就是「瘋狂炸彈客」。
法官裁定他不適宜出庭應訊，並以刑事上精神異常送往州立醫院治療；他
後來因為結核病死於該醫院。他告訴警方，「F. P.」代表「公平競賽」（Fair
Play）的意思。

　　布魯塞爾博士的成功吸引了犯罪鬥士的注意，他後來出版一本書描
述他的成果，《犯罪精神病學家的案例選輯》（*Casebook of a Crime
Psychiatrist*, 1968）。在這本書中，他提到1964年他曾獲邀參加一個由精神
病學家組成的專門小組，他們企圖建立惡名昭彰的「波士頓勒人魔」的心
理剖繪。

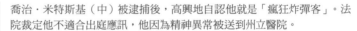

喬治・米特斯基（中）被逮捕後，高興地自認他就是「瘋狂炸彈客」。法
院裁定他不適合出庭應訊，他因為精神異常被送到州立醫院。

# 波士頓勒人魔

　　1962年6月至1964年1月間，十三名婦女，大多是老人，在麻薩諸塞州的波士頓區被謀殺。每件案子的被害者都遭到性侵害；她們被咬、被棍棒打或被刺；她們赤裸裸的屍體躺在地上的模樣，就像色情照片。每一位被害者都是被勒死的，有些是用她們自己的衣物勒死，像長筒襪或褲襪，而且殺手都將「簽名」留在整齊綁在被害者下巴的領帶上。

　　由州政府任命的精神病學家小組大多認為，本案是由兩名不同的人所犯下的，都未婚；一位是教師，另一個男人則獨居。兩人都痛恨他們的母親；他們的母親可能已經死亡。研究小組大膽主張：在殺手小時候，他們的母親「裸露半身在屋裡走動，但是如果他們對此有什麼好奇行為，就會被嚴厲懲罰」。這些經驗導致他們成年後以「既深情又殘酷」的方式勒斃老年婦女，抒發他們的怨恨。研究小組推斷，兩人的父親都很虛弱、冷淡。

　　布魯塞爾博士不同意這些研究結果。他認為凶手是名身體強壯、三十歲、身高中等、沒有鬍子、髮色深的男子，可能是西班牙裔或義大利裔。他察覺殺手的犯罪慣用手法逐漸發生細微的改變。「在他犯下這

1968年，布魯塞爾博士出版他的新書《犯罪精神病學家的案例選輯》，書中不只記錄了米特斯基案，同時也不贊同「波士頓勒人魔」的精神病學家研究小組的意見。這本書激勵了探員哈沃德‧特坦，他後來將心理學分析引進美國聯邦調查局。

| 1962年至1964年間，被「波士頓勒人魔」性侵害、謀殺的十三名受害者中的部分人。

些謀殺案的兩年內，他曾經經歷一連串變動——或者以另一種說法：一個漸進的改變。這兩年中，在精神的性上，他突然長大了；從嬰兒時期到青少年時期再到成年。」

最後一位被害者是十九歲的瑪莉・蘇立凡（Mary Sullivan），發生於1964年1月4日。他一直沒有再犯案，直到10月27日，他偽裝成偵探進入一名女子的公寓。他把她綁在床上，進行性侵害，然後沒有理由地離開，只說了一句：「對不起。」那名女子對嫌犯的描述與警方檔案上的一名男子相符。

# 逮捕

　　他的名字叫雅柏特‧德薩佛（Albert DeSalvo），三十三歲。髮色深，沒有鬍子，他的個子比平均身高要矮些，但是很強壯；在德國服役時，他曾經獲得美軍摔角冠軍。他在那裡娶了一個來自法蘭克福，名叫愛姆佳德（Irmgard）的女孩為妻，並被調到新澤西州的迪克斯堡。當他還在軍隊服役時，他就被控性騷擾一名九歲女孩。不過女孩的母親拒絕提起告訴，軍隊無法更進一步審理該案。本案被撤銷後，德薩佛和妻子搬到波士頓，並在此養育兩名子女。愛姆佳德抱怨他的性衝動永遠得不到滿足；後來他承認，他從早到晚都想著性。

　　德薩佛在當地擔任雜物工，發現許多破門而入的機會，1958年他被捕並被判緩刑。不久後他就展開他的性活動，並獲得「測量員」的稱號。他

雅柏特‧德薩佛不曾真正被官方確認為「波士頓勒人魔」，自認只闖過私宅和強姦，並被送往波士頓的州立醫院，被診斷為精神分裂，無能力出庭應訊。1967年他從醫院逃出，這張照片是他再度被逮捕時拍攝的。

# 德薩佛是「波士頓勒人魔」嗎？

在聽過德薩佛不斷談論性和暴力後，橋水精神病院的一名病患認為德薩佛就是「波士頓勒人魔」；這名病患將這件事告訴他的律師李・貝利（F. Lee Bailey）。貝利曾經訪談過德薩佛幾次，對話都被錄下來；這名囚犯聲稱他就是「波士頓勒人魔」，並說除了已知的十三個案件外，還有兩件謀殺案也是他做的。他還透露警察沒有公布的相關細節——只有殺手知道的細節。

貝利被說服了，但是警方並沒有目擊者，也沒有足夠的證據對德薩佛提起告訴。大部分專家都認為德薩佛就是「波士頓勒人魔」；而且有一件事是確定的，自從德薩佛被逮捕入獄後，殺人案就停止了。

李・貝利是一名頗負盛名的辯護律師。他手中正拿著一張德薩佛的照片。

然而2001年12月，開始有人懷疑他不是「波士頓勒人魔」。瑪莉・蘇立凡的屍體被喬治華盛頓鑑識科學家組成的小組挖出調查。從她內衣下取得的DNA經分析後，發現與她的或德薩佛的DNA都不合。依據該小組的組長詹姆士・史塔斯（James Starrs）的說法：「證據顯示德薩佛並不是謀殺和強姦瑪莉・蘇立凡的人。」蘇立凡小姐的姪子曾經報案說他曾遇到他相信就是殺害他阿姨的男子；這名男子是嫌疑犯，但是更進一步的調查因為德薩佛被捕認罪後而停止。不過，哈佛醫學院病理學副教授佛列德立克・比博（Frederick Bieber）說：「犯罪現場發現的DNA並不能告訴你他是何時、如何出現在那裡的。同樣地，在犯罪現場沒有發現某個人的DNA，不表示他不曾出現在那裡。」

帶著夾紙板與捲尺，拜訪嫵媚的年輕女子的公寓。他自稱代表模特兒經紀公司，必須挑選電視廣告的模特兒。他並不打算強姦她們，但是成功地勾引了其中不少人；他宣稱有時候甚至被其中一些人勾引。

　　1960年3月，德薩佛因為非法入侵被逮捕，並承認他就是「測量員」。他被判兩年徒刑，在十個月後出獄。在警察的犯罪檔案上，他是破門竊盜者，但沒有任何有關性異常的紀錄。

　　他被釋放後變得更具攻擊性；他闖入公寓，捆綁並強暴他的被害者。他身著綠上衣和工作褲，被稱為「綠衣男子」。他的犯罪範圍擴散至整個麻薩諸塞州和康乃迪克州，他攻擊過上百名婦女；隨後他自誇在一個早上就強姦了六個婦女，被害者前前後後超過一千人。

　　透過最後一位被害者的指認，德薩佛再度被警察逮捕，不過只被控非法入侵。

　　他被送往麻薩諸塞州橋水精神療養院，警方並沒有確認他就是「波士頓勒人魔」。他主張自己時常幻聽，並被診斷患有精神分裂症。1965年2月，他被扣押，後來轉送到瓦普州立監獄；1973年11月，他在囚房中以刀刺穿自己的心臟。

德薩佛以從未在其被害者面前出現的裝束現身：整齊的西裝、襯衫和領帶。在他被逮捕的幾年前，他成為知名的「綠衣男子」，習慣穿著綠上衣和工作褲，表示自己是當地的雜物工。

提供「波士頓勒人魔」心理剖繪的精神病學小組的失敗，使得心理剖繪的發展受挫了幾年。如同約翰·葛文（John Godwin）在《謀殺美國：我們殺害彼此的方法》（*Murder USA: The Ways We Kill Each Other*）一書中所寫的：「十件剖繪中有九件是無意義的。他們虛張聲勢，探索所有方向，希冀碰巧與案情沾上邊。偶爾真的被他們猜到了，但是理由都不夠確定，對那些行為科學專家而言，他們必須處理普遍性和類型，才能提出剖繪。但是警察無法逮捕一種類型，他們需要確定的資料：名字、日期。沒有一個精神病學家可以提供這些資料。」

儘管反對聲浪不斷，精神病學家仍舊對擁有極大潛力的剖繪有著很大的興趣；而在1974年一件英國案件中，他們提供了令人信服的解釋。

# 週日早晨的謀殺案

1974年9月22日，星期天早晨，一名全身沾滿血跡的女子搖搖晃晃走向位於英國肯特郡恰特罕警察局外的一名武裝治安官。當她倒下失去意識前，她輕聲說道：「我被一名男子攻擊。」顯然她的肚子被刺傷了。一名警犬教練立刻帶著警犬追溯她的腳步，在路上發現一些證據；最後來到一條被茂密灌木掩蓋的小徑——女孩被攻擊的地方。她被送往醫院後不久就死了，被害者的身分立刻被確認，是蘇珊·史蒂文森（Susan Stevenson），當時她正在前往附近羅赫契特天主教堂的路上，她是一名敲鐘手和唱詩班指揮。

謀殺案的調查指向去年兩起類似的攻擊事件，但是警方沒有什麼確鑿的資訊。主持驗屍的是病理學家卡美隆教授（J. M. Cameron），他能描述攻擊的生理細節，並向一位同僚，鑑識精神病學家派翠克·土利博士（Patrick Tooley）請教更多資訊。在觀察犯罪現場並聽取卡美隆教授的研究結果後，土利博士為警方寫下他的評估：「這名男子的年齡介於二十至三十五歲之間，可能是名精神病患，而且曾經被判有罪。可以透過他的

紀錄推斷他曾經上過法庭幾次，極年輕時便被定罪，可能曾經被關在一所特殊的精神病院；可能是一位體力勞動者，現在並無職業，或者時常換工作。之前的定罪可能包括非法性交易、酒醉、竊盜或人身傷害。

「父親失蹤；母親嚴格，性方面過於拘謹，專心養育兒子，而且過分寵愛。他轉而憎恨母親，對女性有『仇恨情結』。儘管如此，他還是希望與女性發生關係，但是無法採取正常的方法。他與其他人疏離，孤身一人。他可能是一個『偷窺狂』，但是很少有傷風化地裸露身體。」

警察對超過六千人進行訪談。六個多星期後，訊問集中在一名男子身上，一個叫作彼得‧史陶特（Peter Stout）的港口工人。在一次面談中，他不斷提到撒旦，並抱怨撒旦告訴他要竊盜。他因為涉嫌謀殺被捕，記者湯姆‧圖雷（Tom Tulley）在有關卡美隆教授自傳《謀殺的線索》（*Clues to Murder*, 1986）一書中如此描述：「彼得‧史陶特的背景可以揭露一切。他當年十九歲，單身，有一位姊姊、兩個哥哥及一個弟弟。他的雙親都已經過世了。父親是個醉漢兼惡霸，所有子女都不喜歡他，但是他們全都很愛他們的母親。史陶特十四歲時被判猥褻攻擊一名女子，不過他十歲時曾經是其他人企圖雞姦的被害者。這和土利博士描述的男子完全符合，還有其他細節也符合。他喜歡孤獨，不和其他人打交道。」

史陶特的偵訊非常冗長，但是他至少提出一段陳述，確認了卡美隆教授描述的攻擊順序。這段陳述以此做結：「我只能說，撒旦控制了我。而且當他認為我有神智不正常的舉止時，他就會給我幾拳，我只好臣服於他。我不記得當我偶爾有神智不正常的舉止時都做了些什麼。它們可能在任何時候出現。」

> 「我只能說，撒旦控制了我。而且當他認為我有神智不正常的舉止時，他就會給我幾拳。」

幾乎就在史陶特案發生的同時，美國聯邦調查局在犯罪剖繪上邁出一大步。

# 希特勒剖繪

1943年，第二次世界大戰時，美國戰略服務處（前美國中央情報局）委託精神病學家瓦特‧朗格（Walter Langer）製作希特勒的「心理動態個性剖繪」。他們要求一份「德國情況的真實評估。如果希特勒是主使者，他會是什麼樣的人？他的野心是什麼？我們想知道讓他心理運作的因素。此外，我們同時也必須知道如果發生違背他意向的事情，他會有何反應」。政府智庫同時也需要這份剖繪，以建立一套有效的訊問策略，用於逮捕希特勒的時候。

朗格博士將有關希特勒的報告分為下列幾段：「他相信自己是怎樣的人」、「德國人所知道的他」、「其助理所知道的他」、「他所知道的自己」、「心理學上的分析和再建構」以及「希特勒未來可能的行為」。

1936年的一場軍事遊行，一個小男孩逗希特勒發笑。

在詳細評估希特勒的個性後（尤其是他心理上的反常），朗格博士大膽地提出希特勒未來可能命運的預估。自然死是不太可能的；而當時人們相信希特勒的身體非常健康。他可能在中立國尋找庇護地（可能是南美洲），但這似乎也不太可能，因為他真的相信自己是德國的首領和救世主。在考慮其他可能性後（在一場軍事政變後被暗殺；或者甚至是在最後一場孤注一擲的戰役中死去），朗格博士預測，當失敗是無法避免的時候，希特勒會自殺。結果真是如此。

1945年5月，二次大戰的最後一天，俄羅斯軍隊佔領了柏林，而同盟國也勢不可擋地從西方而來；希特勒躲進德國大使館的地下碉堡，殺了他的愛人愛娃‧布勞恩（Eva Braun）後，接著自殺。

類似的剖繪方法在戰後也是不可或缺的，一個用來確認被通緝戰犯身分的小組成立了。里昂內爾‧哈沃德（Lionel Haward）是一名年輕的皇家空軍軍官，後來成為英國重要的鑑識心理學家；他列出一份清單，羅列像是衣著樣式、可能攜帶的財產特徵，以協助逮捕被懷疑很有可能是德國納粹黨的人。

# 對抗野獸的人

安東尼・霍普金斯在《沉默的羔羊》一片中扮演食人魔漢尼拔・萊克特醫生。美國聯邦調查局行為科學小組的剖繪專家在拍攝電影時提供了許多珍貴專業的意見。

　　這是布魯塞爾博士開創的成果正式被執法機關採納的前幾年。1970年，在與幾位精神病學家討論過後，美國聯邦調查局的探員哈沃德・特坦開始在華盛頓美國聯邦調查局國家學院授課。這門課叫作「實用犯罪學」，暱稱「心理犯罪學」（Psych-crim），以過去七年來尚未偵破的案件為基礎。在向地方警局講演時，來自美國聯邦調查局紐約辦公室的派特・毛拉尼（Pat Mullany）加入坦特的行列。他們一同在課堂上製作罪犯的剖繪。1972年，維吉尼亞州坎迪克的美國聯邦調查局學院甫擴張，行為科學小組也才剛成立。在閱讀布魯塞爾博士《犯罪精神病學家的案例選輯》一書後，坦特拜訪他幾次，討論他們方法的相似處與不同處。

　　「他的方法是尋找特定精神病學的可能領域，然後建立剖繪。這和我的方法有點不同，我是以犯罪現場為基礎，從總心理狀態的全面印象做推論。我們認為他的方法比較能夠提供細節，而我們的方法比較少出錯。」

## 一個孩童失蹤了

　　甫成立的行為科學小組很快就有機會將他們的理論應用於實際案例。1973年6月，七歲的蘇珊・傑格（Susan Jaeger）在

與來自密西根州的家人露營的帳棚中（蒙大拿州波茲曼附近）被綁架。坦特和毛拉尼編輯了一份初步的嫌犯剖繪。他們認為，這是一名住在該區的年輕男子，在午夜出來散步時正好經過這個帳棚。他們推斷蘇珊可能已經被殺害——儘管機會渺茫，她的家人仍抱著一線希望，認為她還活在這個世上。

當地美國聯邦調查局探員彼得・當巴（Peter Dunbar）懷疑一名符合剖繪描述的男子：二十三歲的越南退伍軍人大衛・梅爾霍福（David Meierhofer），他對梅爾霍福的描述是：「打扮得體、謙恭、非常聰明……」不過並沒有實際證據證明他和本案有關。

接著在1974年，一名曾經拒絕梅爾霍福的年輕女子失蹤了。他再度成為嫌疑犯之一。梅爾霍福自願接受測謊，結果通過了測驗。在兩案中，他都通過訊問，他的律師對有關當局施壓，要求他們不要再騷擾他。

然而，坎迪克學院的團隊知道這種檢驗通常只適用於正常人。精神病患有能力分隔犯罪的失控性格及受控制的性格。受控制的性格壓抑所有有關犯案的認知，所以可以通過測謊。特坦和毛拉尼相信，殺手是那種會在犯案後致電被害者親屬的人，以從中再次體驗犯罪的興奮。當巴因而建議傑格夫婦在電話旁準備一個錄音機，以防嫌犯打電話過來。當然，就在綁

美國聯邦調查局在維吉尼亞州的坎迪克學院，於1972年啟用。甫成立的行為科學小組設立於無窗的地下室。

所有訓練有素的美國聯邦調查局探員必須接受廣泛的武器訓練。約翰・道格拉斯是最早的心理剖繪專家之一，在調查局中是有名的神射手。

架案發生一週年時，傑格太太接到一名男子的電話，告訴她蘇珊還活著。他說他已經將她帶到歐洲，可以提供蘇珊遠比傑格夫婦能夠負擔得起還要好上幾倍的生活。傑格太太報案說：「他非常沾沾自喜，而且語帶嘲諷。我的反應和他預期的完全相反。我真的覺得自己已經能夠原諒他了。我表現得非常有同情心；這真的讓他嚇了一跳。他的防衛崩解，最後忍不住哭了起來。」

　　不過，警方無法追蹤這通電話。一名美國聯邦調查局的分析師推論錄音帶上的聲音與梅爾霍福的相符，但是這項證據在蒙大拿州並不足以讓警方獲得搜索嫌犯住處的許可證。

　　毛拉尼認為，梅爾霍福可能因為與傑格太太接觸而受到影響，並安排他們倆在梅爾霍福的律師事務所會面。在會面時，他非常冷靜，感情都在控制之下，但是不久後傑格太太回到密西根的家中，卻接到一通來自「鹽

美國聯邦調查局探員的徽章。美國聯邦調查局原本於1908年從司法部建立的一個分支機構發展出來。1924年，愛德格·胡佛被任命為局長，直到1972年死亡才退休。之後，心理剖繪才被美國聯邦調查局採用。

湖城特拉維斯先生」的對方付費電話。他說是他綁架蘇珊，但是在這名男子繼續說下去前，傑格太太就認出了他的聲音，並回答：「你好，大衛。」

基於傑格太太的證詞，當巴得以取得搜索票，兩名失蹤女孩的屍體在梅爾霍福家中被發現。他欣然自認就是謀害這兩名女子的凶手，同時也殺害了一個當地男孩。他被逮捕後隔天，在警局囚室裡上吊自殺。

## 團隊擴張

到了那時，坦特和毛拉尼的教學和剖繪案件量變得非常沉重。其他幾位講師，包括羅伯特·雷斯勒（Robert Ressler）、羅伊·海茲伍德（Roy Hazelwood）及迪克·歐特（Dick Ault）加入他們的行列。每個人的課程都各有其關注之處，雷斯勒最後決定訪談被定罪的連續殺人犯。當時坎迪克學院的教學大部分都使用「懸案」——那些還沒有偵破的案件；然而雷斯勒主要以已經成功偵破的案件作為教學使用，這些案件的基本事實有各種來源，像是大眾可以取得的報紙文章、書籍等等。其中一件案例，就是哈維·葛來特曼案。

## 致命的攝影師

哈維·莫瑞·葛來特曼（Harvey Murray Glatman）認為性與奴役是相

等的。他生長於科羅拉多州波爾德，沉溺於自體性欲（auto-erotic）的「遊戲」，他將自己掛在家裡頂樓的橫樑上，以達到性高潮。他的家庭醫師向他的父母保證，如果他們可以找到一個方法讓他保持忙碌，他就可以「遠離這種習慣」。

哈維非常聰明，IQ高達一百三十，但是他並不吸引人；他是一個醜陋的青少年，有一對水壺手把狀的耳朵和鬆垮的下巴。他認為好玩的事，就是搶奪漂亮女孩的錢包，然後跑走，嘲笑她們，再把錢包丟還給她們。1945年，葛來特曼拿著一把玩具槍威脅一個女孩，並命令她尖叫；他跑走，但很快就被逮捕。他交保被釋放後搬到東岸，再度因一連串搶劫而在紐約市被捕——這次拿的是真槍，他被判在辛辛監獄服刑五年。

1951年他被釋放後回到西部，在洛杉磯市開設一家電視維修公司。他開始從事攝影師的工作，幾年來過著外表上十分寧靜的獨居生活；但浮誇的「激情」雜誌及在攝影工作室裡觀察模特兒的機會激起他的性欲。

1957年7月30日，他到一名十九歲模特兒的公寓修理電視；她剛從佛羅里達來到洛杉磯。在交談中，葛來特曼告訴她，他曾經是紐約市一家真實偵探雜誌（典型綁手綁口的色情玩意）的攝影師。兩天後，他出現在她家門前，並將她帶回自己住處。她同意葛來特曼綁住她的雙手並塞住她的口；拍攝了幾張照片後，他剝光她的衣物，拿著一把槍指著她的頭，並強姦她。之後兩人裸露著身體，看了電視一會兒。這名年輕女子承諾，如果葛來特曼放她走，她就不會去報案；結果葛來特曼開車前往洛杉磯東方一百二十五哩處，進入接近印迪歐的沙漠。一到那裡，他再度拍攝她穿著內衣的模樣，用繩子綑綁她，並將她埋在一個極淺的穴裡。這個穴真的很淺，淺到沒多久風就把沙吹散，露出屍體。

葛來特曼接著使用「喬治・威廉」（George Williams）的名字加入「寂寞芳心」俱樂部，他在那裡尋找第二名被害者。1958年3月8日，他再度帶著被害者到沙漠，這次他開了五十五哩到聖地牙哥東部的安札州立公園。他拿槍指著她，強姦她數次，把她綁起來，並拍照，然後用一條繩

子綑綁她。他將她的屍體放在仙人掌叢後面，但是拿走她的紅色內衣作為紀念。

# 「我不想殺她」

第三名被害者是一個兼職的脫衣舞孃，她在《洛杉磯時報》（*Los Angeles Times*）上刊登個人廣告，尋找模特兒的工作。1958年7月23日，葛來特曼帶了一把槍到她的公寓性侵她，然後帶她到沙漠，在那裡，他花了一整天拍照和強姦她。他幾乎要放她一條生路。他後來說：「我真的喜歡她。我不想殺她，但我還是用相同的繩子和相同的方法殺了她。」他發現報紙的分類廣告就是潛在被害者的來源，他開始刊登廣告，承諾沒有經驗的模特兒美好的未來。

洛杉磯謀殺案探員皮爾斯・布魯克斯（Lieutenant Pierce Brooks）負責調查其中兩件看似無關的謀殺案，但是他覺得很有可能都出自同一人之

這是葛來特曼拍攝第三名被害者，脫衣舞孃露絲・梅卡多的眾多照片之一。他帶她到加州聖地牙哥附近的沙漠，他在那裡綑綁她，並在殺害她前，花了一整天拍照、強姦她。

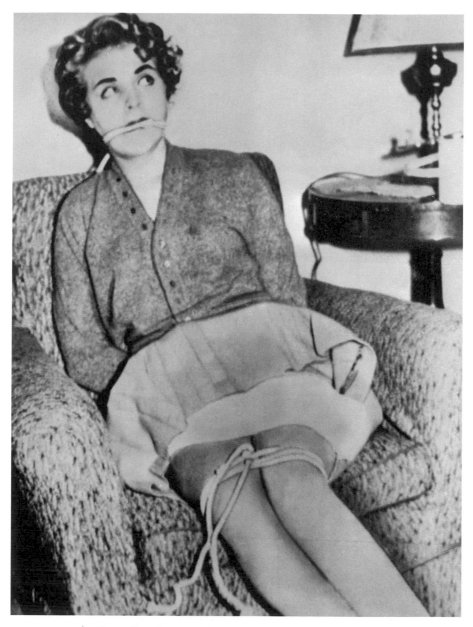

哈維・葛來特曼的第一名被害者，十九歲的好萊塢模特兒茱蒂・道爾的照片，
拍攝於他的公寓。在綑綁以及強姦她後，他開車帶著她前往印迪歐的沙漠；他
殺了她，並埋在淺穴裡。

手,而且凶嫌可能還犯下其他更多起案件。他花了好幾個星期閱讀報紙和警察的罪犯檔案,尋找其他使用相同慣用犯罪手法的殺手。當葛來特曼企圖施行他第四次,也是最後一次的殺人案時,布魯克斯正開始彙集所有有效證據。

在幾次引誘懷有期望的模特兒到他的「工作室」失敗後,葛來特曼發現一個需要工作,而且必須工作的女子。他開車帶她前往聖塔安那高速公路沿邊的沙漠;不過,在洛杉磯郊區,接近土斯丁鎮時,她開始有所警覺。葛來特曼把車開到路肩,拿出槍,命令她脫去衣物。

她告訴警方:「我知道他會殺了我。我試圖懇求,但是我知道懇求沒什麼用。」她奪取槍,槍掉下來,走火,並射中她的大腿,但是她緊握著槍,對著綁架她的人。他朝她衝過來,他們一起從車子裡掉出來,激烈地扭打在一起,互相奪取槍枝。就在這時,警車經過停下,巡警因而得以逮捕葛來特曼。

在警局裡,負責調查的布魯克斯警官從殺手身上獲得許多自白。這

有水壺手把狀耳朵的哈維·葛來特曼在被逮捕後於橘郡警長辦公室裡的照片。他的第四名被害者搶走他的槍,而一名經過的巡警成功地拯救了她。

葛來特曼被扣上手銬，隨同聖地牙哥的警官驗屍官，站在他第二名被害者，二十四歲離婚女子雪莉・比利吉佛特的屍骨旁。他將她的屍體丟棄在聖地牙哥東方的安札州立公園。

是暨卡爾・柏格的彼得・庫登研究後，第一份有關連續殺人犯心理的完整檔案。葛來特曼描述自己如何在殺害了第一名被害者後克服深深的自責，並對著屍體請求被害者原諒他。不過，經過一段時間，犯案的興奮和解脫戰勝了他的恐懼和嫌惡感；每殺一次人，那種難以抗拒的衝動就越強烈。

但是罪惡感仍舊存在。在審判庭上，他懇求死刑。他解釋道：「最好是這樣。我知道結果應該如此。」1959年8月，他在聖昆丁的毒氣室被處決。

## 對抗野獸

　　葛來特曼案成為美國聯邦調查局研究犯罪剖繪方法的重要案件。雷斯勒後來在《對抗野獸的人》（*Whoever Fights Monsters*）一書中寫道：「我們所擁有的資訊和其他人都是一樣的。殺害了八名芝加哥護士的李查‧史貝克（Richard Speck）的相關資料較為豐富，因為有一位精神病學家曾經深入訪問過他，並撰寫了一本書。

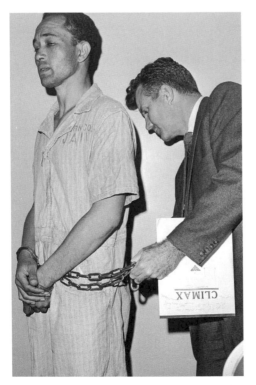

儘管這些訪談可能因為引導的人缺乏處理罪犯的背景，或無法以執法單位的角度來了解案情，而導致訪談內容不算是充分的鑑識證據，但是這對我們的學生仍舊是必要的。我希望能夠更了解暴力犯罪者的心理……」

　　原則上，美國聯邦調查局到目前為止，對於謀殺犯、強姦犯、童姦犯，及類似暴力行為的案件興趣都不大，因為這些案件都屬於地方執法單位的管轄範圍，而且並沒有違反聯邦法。儘

皮爾斯‧布魯克斯在建立「暴力罪犯逮捕計畫」上扮演了重要的角色。
他正在解開謀殺嫌犯吉米‧李‧史密斯的手銬。

在葛來特曼的審判庭上，他懇求死刑。他
說：「這是最好的結果。」他於1959年8月
在聖昆丁的毒氣室行刑。

———————

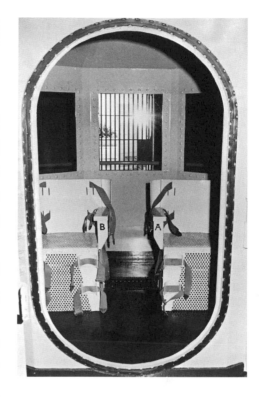

管雷斯勒的同僚對他的意見持反
對態度，他還是加入了「美國精
神病學協會」、「美國法庭科學
學會」、「美國精神病學及法律
學會」及其他組織。「美國聯邦
調查局逃避心理專業的原因是，
調查局相信，如果有什麼關於罪
犯的事是值得知曉的，他們早就
已經知道了。」

　　在他廣泛的閱讀期間（包括
許多機密的警方犯罪檔案），雷
斯勒偶然看到德國哲學家尼采
《查拉圖斯特如是說》（*Thus Spake Zarathustra*, 1883-1891）中的一句話，
後來他將之作為其主要的指導方針，以及他第一本書的書名：「對抗野獸
的人，應該要注意在這個過程中，自己不要也變成了野獸。當你看穿深淵
時，深淵同時也看穿你。」

　　雷斯勒領悟到，對付野獸是很微妙的：他必須保持不為感情所動的態
度，了解但不認同罪犯的思考程序，以建立有效且公正的分析。

## 案件分析：李查・特頓・雀斯案

　　1978年1月23日，加州沙加緬度市的一名卡車駕駛在抵達家門時，發
現他懷孕的妻子慘死於臥房中。屍體旁擺著一個空的優格紙盒，顯示這曾

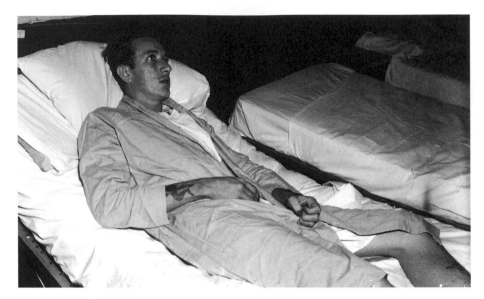

1966年7月14日，李查‧史貝克在八名護士學生的寓所中謀殺了她們。精神病學家馬文‧茲柏林博士在六個月內每週訪談他兩次，並於1967年出版他的報告《製造麻煩》。這本書便是雷斯勒研讀的著作之一。

經被拿來飲用死者的血液，屍體也有部分遺失。沒有發現明顯的殺人動機。

　　警方與美國聯邦調查局行為科學小組的地方官羅斯‧佛帕格爾（Russ Vorpagel）聯繫，他轉而聯繫坎迪克學院的羅伯特‧雷斯勒。當時，雷斯勒正好要離開學院前往西海岸上課。在離開前，他寫下了凶手的初步剖繪。

　　雷斯勒做出一些沒有記錄在這篇剖繪的推論。如果殺手有車，那一定是「破銅爛鐵，速食的包裝紙裝滿後座，到處都生鏽⋯⋯」他同時也認為，凶手很有可能就住在被害人居所附近，「因為他神智錯亂，以致於沒有能力開車到某處，犯下這種令人震驚的犯罪後，再開車回家。」雷斯勒認為他必須用走的前往並離開犯罪現場，並猜測他離開精神病療養院不到一年。

　　但是，就當雷斯勒正在打包行李準備前往加州時，殺手又犯案了。1

月26日，有人在之前發生血案的住宅一英里外發現三具屍體，三十六歲的女性、她六歲的兒子以及一位男性友人。全都被點二二手槍擊斃，女性被分屍，她二十二個月大的姪子則被綁架。殺手顯然是開著這位男性朋友的貨車離開，並將其拋棄在不遠處。地方警長描述這起案件：「我在過去二十八年內所看過最奇異、最怪誕、最沒道理的殺人案。」

雷斯勒補充更多剖繪細節：「單身，一個人住在離貨車被棄處一英里到一・五英里之間的地方。」他告訴佛帕格爾：「在這名男子犯下謀殺案前，可能曾經在該區犯下戀物竊盜，而且被逮捕，我們可以追蹤他的犯罪紀錄以及他早年的困境。」他描述「戀物」竊盜是偷竊女性衣物，而不是其他如珠寶這種有市場價值的東西；竊盜者因為色情目的而偷竊。

依據這些資訊，超過六十五位警察出動詢問上百名住在距離貨車被發

## 雷斯勒的初步剖繪

「白種男性，二十五到二十七歲之間；瘦，營養不良的模樣。非常懶散，住房不整潔，可以在住宅內發現犯罪證據。有精神病史，濫用藥物。獨居的人，既不與其他男人也不與其他女人來往，大部分時間都待在他獨居的家裡。無業。可能有某種殘障補助。如果他和其他人同住的話，有可能是他的父母，但機率非常小。沒有當過兵；高中或大學時被退學。可能患有某種妄想精神病。」

一名藝術家繪製李查・特頓・雀斯的畫像。說明雷斯勒初步剖繪的正確性。

羅伯特‧雷斯勒是美國聯邦調查局最初建立犯罪剖繪技術的犯罪學家之一。

現處一‧五英里內的住戶。一位二十幾歲的女性告訴警察，她曾經和十年前高中時就認識，一個名叫李查‧特頓‧雀斯（Richard Trenton Chase）的男子談過話。她說她被他的外表嚇壞了：「頭髮凌亂，瘦得不像話，穿著沾滿血污的寬鬆無領長袖運動衫，嘴唇外都是黃色的痂，眼神沮喪。」

## 雀斯被逮捕

　　雖然另有兩名被懷疑的嫌犯，但兩名警察負責監視雀斯的房子，那裡離貨車被棄地點不到一條街。他出現時，臂膀下夾著一個盒子；警察因為雀斯擁有一把點二二左輪手槍和一名被害者的錢包而將之逮捕。他的卡車就停在附近；非常舊，裝滿了廢棄的報紙、破布、啤酒罐，以及空牛奶紙盒。同時還有一把十二吋的屠刀，以及沾滿血跡的長筒膠鞋。他攜帶的盒子裡塞滿了沾有血跡的布。

　　雀斯的公寓裡亂成一團，找到三個有血跡的食物攪拌器、沾有血跡的污穢衣物，以及一些刊載關於第一件謀殺案文章的報紙。冰箱裡的幾盤菜裡有人肉，一個容器裡裝了人腦。牆上掛著月曆，在兩件謀殺案發生的日期都被標上了「今天」的記號——而且整個1978年，相同的記號還出現在

三種察理‧曼森非常不同的形象，他鼓舞他的嬉皮追隨者「曼森家庭」於1969年8月在洛杉磯實行一連串無目的殺人案。其中一位被害者是電影導演羅曼‧波蘭斯基的演員妻子莎隆‧泰特。

其他四十四個日期上；這是個不祥的徵兆。

　　被逮捕後，雀斯驚人的過去才浮出檯面。他出生於1950年，早期便出現精神病症狀；後來他毒癮甚深，而且曾經因為持有大麻被捕。當他在公寓獨居時就開始宰殺兔子，去除內臟，並喝牠們的血，「以阻止我的心臟縮小」。最後，他因為精神分裂症被送到精神病院。當他在那裡殺死兩隻兔子，並被發現嘴巴沾滿血跡後，人們開始稱他為「吸血鬼」（Dracula）。在經過一連串治療後，他被釋放，被轉交給其雙親照料，他的母親為他付公寓租金，並為他購買雜貨。

　　不過，雀斯取得了槍械，並開始殺害鄰居的寵物，喝牠們的血；他發展出殺戮人類的行為是不可避免的，在他開始計畫謀殺儀式的初期就將他逮捕，實在很幸運。

　　雷斯勒的剖繪相當正確，但是如同他後來所寫道的：「剖繪並沒有逮

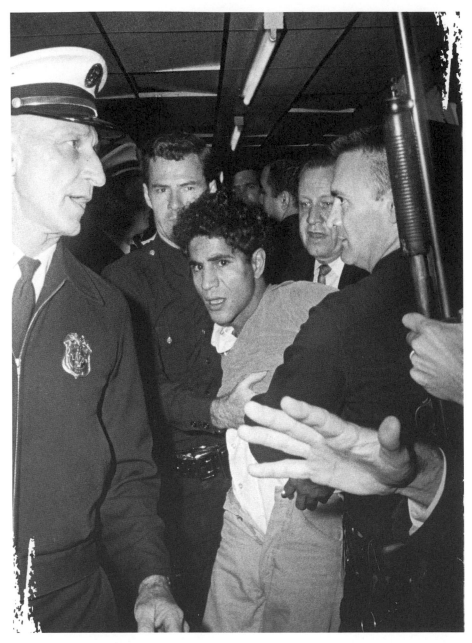

逮捕什漢什漢；他於1968年6月5日在洛杉磯刺殺參議員羅伯‧甘迺迪。

## 坎柏的想法

「我想要以此向聖塔庫魯茲的當局表示，這件事有多嚴重，以及他們面臨的敵人有多壞……我曾經想過徹底消滅整條街……不，不僅是我住的那條街，還有所有接近這條街的家庭，大概有十到十二個家庭左右。而且這將是非常非常緩慢、祕密的謀殺……

「我做了一些事，我覺得我必須為發生的一切事情負完全的責任。我真的希望我媽媽好好地、安靜從容地死去，和一般人的想法一樣。」

捕殺手，是警察將他們逮捕的……我的剖繪只是一個調查工具，在這件案子中明顯地縮小了搜索危險殺手的範圍。我的研究對偵破雀斯案有幫助？你同意，而且我很以它為榮。但是我抓到殺手的嗎？不是。」

雷斯勒繼續說道：「不管怎樣，我已經到了非常想要和我在課堂上教授的人物──殺手本人，對談的時刻。」約翰‧道格拉斯是坎迪克學院新招募進來的老師，他隨同資深同僚到加州。雷斯勒被徵召為美國聯邦調查局州監獄系統的聯絡官助理；在幾天內，他們三人一同訪談了七名最惡名昭彰的殺人犯，其中包括什漢什漢（Sirhan Sirhan，刺殺羅伯‧甘迺迪的刺客）、察理‧曼森（Charles Manson）和愛德蒙‧坎柏。

# 案例分析：愛德蒙‧坎柏

愛德蒙‧愛米爾‧坎柏（Edmund Emil Kemper），1948年12月出生於加州的柏班克。他和兩個妹妹一起長大，他的雙親時常吵架，最後分居。

當坎柏向警方自認殺害了母親、母親的朋友及其他七名女性後，他被送往科羅拉多州普愛柏羅法院的途中。

從小他就對死亡和執行死刑著迷。他十四歲時，他媽媽就說他「真是個怪人」。他被送往加州偏僻的大農場與祖父母同住，1964年，他把他們都殺了。他說：「我只是想知道，殺死祖父母會是什麼樣的感覺。」

坎柏被診斷為「人格特質錯亂，被動攻擊型」，並因為刑事上精神異常而被送往阿塔斯卡德羅州立醫院接受治療；不過，1969年，他二十一歲時，雖然州立精神病學家反對，坎柏還是被釋放，交由他母親監護。坎柏個頭很大，有六呎九吋高，重達三百磅。他買了一輛車，在公路上漫遊；起初他只搭載攔便車的人。接著在1972年5月，他拿了一把槍指著兩名弗略索州立大學的女學生，把她們帶到一個偏僻的峽谷，刺殺她們致死後再把屍體帶回家。他在家裡將她們斬首、分屍，用拍立得拍攝他的行動，接著將屍體埋在聖塔庫魯茲山，但是留下頭顱一段時間後才丟棄。

四個月後，一名十五歲的日本學生遭遇相同的命運。再四個月後，卡布力鳩大學一名學生被殺。當警察在幾天後發現她的屍體時，她的頭顱仍舊藏在坎柏衣櫥裡的一個盒子中；後來他才把這個頭顱埋在母親的後院裡。基於可怕的幽默感，他將這個頭顱面向他母親臥房的窗戶，因為她總是說，希望有人「仰望她」。

坎柏的殺戮自此開始加速。1973年2月，他挑選了兩個在聖塔克魯茲米林大學（他母親是這間大學的行政人員）校園攔便車的女性，並立刻槍

殺她們。當他抵達母親家中時，他母親正好在家，他不得不將他才剛砍下的兩顆人頭從車廂裡拿出來。隔天，他將屍體的血跡洗乾淨，並丟在附近偏僻的峽谷裡。

復活節的星期六，天剛亮時，坎柏用鐵鎚殺了他的母親，將她的頭蓋骨敲碎，並把頭砍下。最後，他切下她的喉嚨，將之丟到廚房的食物垃圾碾碎機裡；他後來自認說：「這似乎是最適當的方法，畢竟她對我發牢騷、吼叫了這麼多年。」

接著，他邀請他母親最要好的朋友享用「驚喜」晚餐。當她抵達時，她說：「我們坐下吧，我（累）死了。」他實現了她的話，將她勒死、分屍，用她的車將屍首運走。隔天早晨，他不知道該怎麼辦，毫無目標地往東邊開了好幾個小時的車，並在母親家中留下一張字條給警察：「藉由這個可怕『殘忍屠夫』的手，我終於不再需要因她受苦。這一切發生得既快又寧靜；這正是我想要的。我不是一個草

從這張照片可以明顯地看出愛德蒙・坎柏的巨大身軀──六呎九吋高，將近三百磅。他正被執法官送進法院。

率、做事不徹底的男人。只是『時間不夠用』。我有好多事得做！」

最後，到了科羅拉多的普愛柏羅，他將車停到路邊的電話亭旁，打電話給聖塔克魯茲的警察局，告訴他們他就是「女學生殺手」。警察起初不相信，他又打了幾通類似的電話，後來科羅拉多警察才前來逮捕他。

在坎柏的審判中，他解釋自己謀害年輕女性的動機：「她們活著的時候離我好遠，不和我一起分享她們的生命……當她們被殺了以後，我只覺得她們將永遠屬於我了……那是我可以擁有她們的唯一方法。」

他被判定精神異常及八個謀殺罪成立。他要求「以酷刑處決」，不過他被判處終生監禁，不予假釋。

# 「女學生殺手」

道格拉斯後來撰寫了自己對於這位「女學生殺手」的印象：他的智商高達一百四十五；「既不驕矜自傲，或反悔」。坎柏是個冷酷、說話溫和的人，他唯一顯露感情，是在描述他的母親有多壞、對他有多差的時候。然而，當他表示他有興趣加入加州高速公路巡警時，她曾經盡一切努力將他青少年時的謀殺紀錄刪除。

道格拉斯後來明白，對警察工作有興趣，是許多連續殺人犯共有的特徵。通常這種謀殺犯都開類似警用車的車，或是被淘汰的警車。坎柏說，他經常出沒警察出入的酒吧或餐廳，而且與警察展開友善的對話。這不僅讓他覺得自己是警界的一份子，也讓他獲悉有關他犯下的殺人案的調查進展。

坎柏在過去五年的牢獄生活中已經習得許多有關心理學的知識，他可以為其行為提供精確的心理分析。他說明他如何挑選被害人，而不引起她們懷疑的細節。當他看見一個美麗女郎並停下車時，他會詢問她們要到哪裡，然後看看他的錶，假裝在估計他是否有足夠的時間。這很快就讓女孩們放心，因為一個忙碌的男子不會漫無目的尋找攔便車的人。道格拉斯推

論:「一般的常識、假設、言語的線索、身體語言等等,這些我們用來評估其他人,並即刻做出判斷的方法,通常不適用於反社會者。」

幾年來經過幾次與坎柏長談後,道格拉斯寫道:「我不得不承認,我有點喜歡坎柏。他非常友善、開放、敏感,而且非常有幽默感:當然這是我對他的個人觀感……但這也是任何處理連續暴力罪犯的人所要知道的一個重要思考點。罪犯中有許多人是非常有魅力、善於表達和能言善道的。」

道格拉斯的結論是,殺戮是坎柏逃脫他跋扈母親幻想的表現。她曾經告訴他,他絕對不可能娶任何他喜歡的女學生,而坎柏真的相信她的話。

> 「我不得不承認,我有點喜歡坎柏。他非常友善、開放、敏感,而且非常有幽默感。」

## 發展技術

回到坎迪克學院後,雷斯勒和道格拉斯盡一切努力訪談其他被拘留的殺人犯。在內部懲戒小組質疑這些未經授權的訪談的正當性後,這些行為被勒令終止;不久後,美國聯邦調查局高層便同意雷斯勒的「罪犯人格研究計畫」。現在,雷斯勒必須說服警方,未知嫌犯的剖繪是犯罪調查的重要工具。美國聯邦調查局很快地就成功利用剖繪技術偵破一件讓紐約警方陷入困境的案子。

## 案例研究:卡爾曼・卡拉柏羅

1979年10月的下午,年輕的法蘭西恩・愛維森(Francine Elverson)裸露的屍體在布朗克斯區她與雙親同住的大樓樓頂被發現。當天一大早,當她離開家去上班後(她是附近托兒所的殘障兒童教師),就沒有人看到她。辦理謀殺案的探員認為,她在下樓梯時被打昏,然後被帶到樓頂。

這名殺手將法蘭西恩的耳環整齊地放在她的頭兩側;她的尼龍長襪鬆

77

鬆地綁在手腕上；她的內衣已經被脫下，放在頭上以遮住臉。其他衣物則堆在附近，而且在此之下，可以清楚看到殺手的排泄物。年輕女子的臉有被揍過的痕跡，並被她皮包的帶子所捆繞，死後被殘忍地分屍。她的乳頭被砍下，置放在胸部上，她的大腿及膝蓋上有咬痕；她曾經被凶手用她的雨傘與筆性侵害，而一把梳子則插在她的陰毛裡。凶手在她的下腹到大腿之間亂塗墨水，寫道：「去妳的！妳阻止不了我。」

最奇怪的或許是法蘭西恩的身體以異常的方式擺設。她的雙親告訴調查員，擺設的方式類似猶太文的「chai」，是她曾經戴在脖子上項鍊的圖案，而且這條項鍊在犯罪現場並沒有被找到。

法醫驗屍時在法蘭西恩體內採集到精液，以及一根不屬於她的黑色陰毛。

1970年代紐約布朗克斯區典型的景象。法蘭西恩‧愛維森被她手提包的帶子纏住的屍體，於1979年10月在布朗克斯區一棟公寓樓頂被發現。

## 美國聯邦調查局的剖繪

美國聯邦調查局的小組認為，這起犯罪純粹是機運，而且是不由自主的事件。他們描繪嫌犯年約二十五至三十五歲之間，他認識被害者，而且就住在這間公寓中，或住在附近，與雙親或老年女性親戚同住。他外表邋遢，不過並沒有濫用毒品或酗酒；他要不是沒有工作或是在夜間工作，沒有車或駕駛執照。他有精神病（因為這不是預謀殺人案件），而且「在他產生殺人的念頭前，這個精神疾病已經糾纏了他十年以上」。這是他第一次犯下如此嚴重的犯罪，但是很有可能是他最後一次犯罪。殺手過去幾年可能曾經從精神療養院出來，而且仍在接受治療。潦草的筆跡和屍體的擺設，暗示殺手可能中途輟學，殺人的靈感可能來自大量色情文學。

道格拉斯告訴調查員：「你不必再做進一步的調查，而且你已經和這個人說過話了。」雷斯勒也是其中的分析師之一，雖然與其他同僚意見不合，但他推斷黑色陰毛與本案無關。

二十六名紐約警察組成的小組詢問超過兩千人，並查出二十二名嫌疑犯，包括一位住在這棟大樓的男子，他過去曾因性侵犯入獄；一個曾經是大門守衛的男子；以及一名十五歲的男孩。這個男孩說，往學校途中，他在樓梯上發現法蘭西恩的錢包，直到回家後他才將錢包交給他爸爸。經過一個月的調查仍舊毫無斬獲。兩位負責本案的調查員將所有相關檔案，包括犯罪現場的照片，交給美國聯邦調查局。由四人組成的小組，包括約翰‧道格拉斯及羅伊‧海茲伍德負責檢驗證據。

美國聯邦調查局提供的嫌犯剖繪結果，說服警方不再繼續將注意力放在他們目前認為的嫌疑犯上，而是有其他可能性：三十歲的卡爾曼‧卡拉柏羅（Carmine Calabro）；他是失業中的舞台工作人員，與父親同住，而他的母親早在十一年前就過世了。他的父親說，謀殺案發生時，他的兒子被關在精神病院。

警方決定特別調查卡爾曼的不在場證明。他被關在附近的精神病院超

行為科學小組的任務……「在於發展並提供美國聯邦調查局及執法單位,有關行為及社會科學的訓練、研究和諮詢,這將加強他們對管理、操作的效率,及對犯罪的了解。」

過一年以上,但是他們很快就發現,他可以偷偷溜走,然後再神不知鬼不覺地回去。他在公寓的房間裡堆滿了色情的玩意。殺人案發生時,他手臂上曾經戴著石膏繃帶,但是之後就丟棄;警方推測他用這個打昏被害者。三名鑑識齒科學家確認被害人身上的咬痕與卡爾曼的牙齒相符,本案偵破。

至於那根黑色的陰毛,結果是因為法蘭西恩的屍體曾經以運屍袋運送給法醫檢驗,但是運屍袋在使用前沒有被徹底清理乾淨的緣故。約瑟·達米可警官(Joseph D' Amico)後來表示:「聯邦調查局對凶手的預估完全正確,我還問他們為什麼不乾脆直接把他的電話號碼給我們就好了。」

此時,行為科學小組已經累積了許多有關重大重複暴力犯罪行為的資料。警方開始將異常案件的細節交給專家分析,建立分類系統變得很重要(相對上不使用精神病學的專業用語),這個系統可以用來解釋不同的罪犯類型。即便至今,執法單位仍舊大量仰賴標準出版品,如《精神疾病診斷與統計手冊》(*Diagnostic and Statistical Manual of Mental Disorders*),美國聯邦調查局發現這本書對他們的幫助不大。這是著手製作美國聯邦調查局《犯罪分類手冊》(*Crime Classification Manual*)的起始點,最後於1992年出版。約翰·道格拉斯寫道:「依據我們開始著手進行編撰的《犯罪分類手冊》,以行為人的行為特徵來組織並分析重大犯罪,並解釋之,這是嚴格的心理學方法,是《精神疾病診斷與統計手冊》無法辦到的。例如,

你不會在《精神疾病診斷與統計手冊》中找到辛普森（O. J. Simpson）
被控的犯罪類型，但是你將在《犯罪分類手冊》中找到。」

　　軍隊也要求美國聯邦調查局提供訓練課程，主要是人質談判，因此雷
斯勒和道格拉斯前往德國的軍營上課。回國時，他們受邀前往英國布拉姆
席爾警察學校。當時正好所有探員都集中火力尋找「約克郡開膛手」，演
講後大夥自然談起這個話題。

## 約克郡開膛手

　　他的妻子說他是一個非常有愛心的人，謹慎、保守，但是在他看似無
辜的外表下，隱藏著深層的憤怒；這個人就是二十世紀最惡名昭彰的連續
殺人犯。

　　他的第一位被害者，於1975年10月30日被謀殺，她是約克郡李茲市

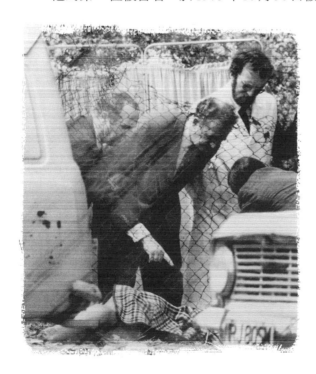

的兼職妓女。他用一把鐵
鎚敲擊她的頭蓋骨，然後
成為他「犯罪特徵」的，
是用尖銳的十字螺絲起子
刺她的軀幹及下腹十四
下。起初，警方認為這是
妓女必須承受風險的典型
例子，但是當第二名妓女

警方專家檢驗「約克郡開膛手」
的被害者之一。從1975年到1980
年，「約克郡開膛手」引起英國
李茲市及布拉德佛市紅燈區一片
恐慌。

被發現有類似的傷口（全身五十處遭瘋狂刺殺），他們承認攻擊者很有可能是同一人。不過，超過三年的時間，他們還不知道這些攻擊與兩件更早期的謀殺案有關；被害者都不是妓女。

　　1976年5月9日，一個蓄黑色鬍鬚的男子攻擊了一名年輕女子。她大聲尖叫，而他則逃跑了。就在一年後，另一名被害者的屍體被發現；她被鐵鎚打死，用螺絲起子和薄片小刀刺了超過二十幾下。不久，大家聯想起「開膛手傑克」的罪行，所以這名殺手贏得了「約克郡開膛手」之名。

　　這些案件引起李茲市喬普鎮紅燈區的一片恐慌。有些女性搬到很遠的地方，像是倫敦、曼徹斯特和伯明罕，有些則只搬到幾英里遠的布拉德佛市。「約克郡開膛手」跟隨著她們：1977年4月23日，另一名妓女被類似的手法謀害，屍體在沾滿血跡的床上發現。兩個月後，一名十六歲的女孩，李茲市高級商店雇員，被相同的手法謀害。

發現另一名「約克郡開膛手」的被害者，被鐵鎚擊斃，並以尖銳的螺絲起子刺了很多下。

# 約克郡開膛手錄音帶

「我是傑克。我看你們還是不可能抓到我。我很敬佩你，喬治，但是你們現在還是和四年前我開始殺人時一樣，完全沒有頭緒。我猜你的手下讓你難過了，喬治；真慘啊。他們唯一接近我的一次，是幾個月前在喬普鎮。即使在那時，也只是個一般警察，而不是刑事探員。我曾經警告你，三月時我會再展開攻擊……但是我沒做。我現在還不確定什麼時候會再發動攻擊，但是一定是今年，可能是9月、10月，如果有機會的話，甚至更早；有一大堆人在那等著呢。她們永遠學不會聰明點，不是嗎？喬治。我會繼續殺人。我不會被抓到的。即使你接近我，我也會想辦法突破重圍。嗯，很高興可以和你聊天，喬治……」

卡車司機彼得‧薩特克里夫在長達六年的殺人生涯後終於被逮捕。

　　殺戮繼續進行；距離李茲市將近四十英里的曼徹斯特，以及附近的哈德斯菲爾德和布拉德佛市均發生慘案。至此，已經有超過三百名警察著手調查此案，但是他們一點進展也沒有。將近一年後，謀殺終止了。1979年，他又開始犯案，就在4月4日再次攻擊後，負責調查本案的調查組長喬治‧歐德佛德（George Oldfield）收到兩封署名為「開膛手傑克」的信件，後來又收到一捲兩分鐘的錄音帶。

　　這些郵件使警方辦案的方向轉變。聲音分析專家確認，錄音帶裡說話者的重音顯示他是來自英國東北方維爾賽區，所以他們在這一區的俱樂部、酒吧播放這捲錄音帶，希望有人可以認出說話者的身分。他們公布一個免付費電話號碼，讓更多人可以聽到這段錄音；但是警方在接到幾千通民眾打來的電話後，還是一無所獲。喬治‧歐德佛德精疲力竭，心臟病發。他的工作被其他人取代，又經過幾個星期徒勞無功的努力後，他們認

# 犯罪心理剖繪檔案
Profile of a Criminal Mind

大量依據證人描述，由各類眼、鼻、下巴等部位拼製組成的嫌犯面部像，以及畫家對「約克郡開膛手」的印象。彼得·薩特克里夫曾經被警察訊問三次，每次都被釋放，儘管他的相貌和這些圖片很相似。

為，就和「開膛手傑克」案一樣，這捲錄音帶只是惡作劇，是一名對歐德佛德懷恨在心，且不滿警察的人所為。

這段期間，殺手不再只以妓女為謀害對象；他把苗頭指向夜間獨行女子：一名十九歲的店員、一名大學生、一名中年公務員。1980年10月到11月，兩名女子在他的攻擊下倖存。11月中，他再度行凶，被害者是另一名年輕的女大學生；不過，她是最後一位被害者。

1981年1月2日，殺手挑選了一個雪菲爾市的妓女為目標。幾分鐘後，他的車被巡邏員警攔下，電腦查詢很快就顯示這輛車的牌照是偷來的。他被逮捕後，警方才知道這名深色鬍鬚男子的真實姓名是彼得‧薩特克里夫（Peter Sutcliffe）；隔天，他丟棄的鐵鎚和螺絲起子被發現，接著搜尋他被帶往的警察局後發現水槽裡藏有一把刀。當警方告訴薩特克里夫

## 歷史觀點

第一份認真研究犯罪分類的作品，是1838年由法國「道德與政治科學學院」出版的《大城市中危險份子的分類，以及改善他們的方法》（*The dangerous classes of the population in big cities, and the means of making them better*）。三十年後，龍布羅梭確認了不同的犯罪類型。英國社會學家查理‧格林博士於1913年提出反論，他認為：「犯罪原因論裡一個基本、不可或缺的因素，就是智能不足。」整個1920年代的研究都支持這個觀點，直到20年代末，注意力才轉向錯亂的人格。

1932年，紐約州「精神病學法庭一般庭」開始透過評估個性來分類罪犯：存在或沒有精神病變；智商；存在精神病或神經病的特徵；生理狀況。貝勒富精神病院一項長期的計畫建立了各種個性分類，這些分類在評估有責性上是很重要的。犯罪行為與正常行為的差距不大，而精神病學家認為，這出自三種行為領域：好攻擊的傾向、具破壞性和貪婪；消極或喜破壞、好鬥；以及心理上的需求。

罪犯的分類在美國逐漸發展成矯正機構重要的一個面向，而1973年「全國顧問委員會」要求將罪犯分類計畫引進所有司法犯罪系統。

這些發現時，他說：「我想你們大概已經聯想到『約克郡開膛手』……沒錯，就是我。」

在審判上，薩特克里夫提出過失殺人罪的抗辯，但是他被裁定十三項謀殺罪，以及七項企圖謀殺罪成立，並被判處終身監禁。

在薩特克里夫被逮捕前，美國聯邦調查局曾經請求查看犯罪現場的照片（但是無法取得），英國警方非常懷疑美國聯邦調查局能有什麼發現。不過，他們播放了「約克郡開膛手錄音帶」的拷貝（當時大家仍認為這是連續殺人犯所錄製）。結束時，雷斯勒說：「當然，你們應該明白，錄音帶上的聲音不是出自凶手吧？」道格拉斯表示同意：「基於你們曾經描述的犯罪現場，這捲錄音帶並非出自『約克郡開膛手』。調查錄音帶只是在浪費時間。」

英國警方提出質疑，這兩人做出即席剖繪，「約克郡開膛手」並不是那種會與警方溝通的人。他「幾乎是隱形人」，喜歡孤獨，二十八、九歲或三十歲出頭，可能是名中輟生，或者沒受過高等教育。他可以進入他犯下謀殺案的地區，卻不引起任何注意，因為他的工作讓他可以定期往來這些地方：計程車司機、卡車司機、郵差，甚至可能是警察。他可能曾經和一位女性發生過性關係，但是他長年以來有嚴重的心理問題，而且他謀殺的行為是為了懲罰所有女性。

結果當三十五歲的「約克郡開膛手」彼得・薩特克里夫被逮捕時，警方發現他就是一名已婚且服務於機械廠的卡車司機。他十五歲就離開學校，之前有許多曠課紀錄，並於二十一歲時邂逅他的妻子，十六歲的索妮亞・茱爾瑪（Sonia Szurma）。在他們結婚前七年，小倆口曾經分手多次；他們經常有暴怒的衝突，而就在結婚一年後，薩特克里夫犯下第一起殺人案。

在十七小時冗長的自白錄音中，他聲稱早從1969年開始，他就厭惡妓女；當他二十二歲時，他找了一名娼妓，給她十英鎊，但她拒絕找零。

1983年，英國警察於倫敦北部的一個後院進行標示，尋找被丹尼斯·耐爾森謀殺的十三名年輕男子的屍體。耐爾森是有組織的罪犯的最佳範例，在被捕後冷靜地向警方描述他的殺人行動。

## 有組織與無組織的個性

　　美國聯邦調查局分類暴力罪犯的第一步，是將他們分成「有組織」（organized）與「無組織」（disorganized）的個性。這是一個概括的分類，其中有一些例外：行為科學小組很快就發現他們必須引進第三種類型，稱為「混合型」。

　　有組織的殺人犯的主要特徵，是他殺人的計畫；殺人行為是預先計畫的，不是隨性所至的。計畫是殺人犯幻想的一部分，在他以暴力行為表達前，可能想了很多年。被害者大多是陌生人，或是殺人犯腦中所想要的特定類型，他曾經尋找過的類型。因為犯罪是經過計畫，殺人犯會先想出接近被害者的方法，贏得他們的信任，以掌控他們。

　　無組織的殺手不會依據邏輯挑選被害者。他有時候可能錯誤地挑選到不易控制的被害者，他們可能會反抗，凶手的手腳可能會出現被害者出於防衛攻擊所留下的傷口。凶手可能不知道被害者的身分和特徵，或一點也

## 有組織與無組織的殺人犯

美國聯邦調查局建立下列特徵，作為有組織與無組織的殺人犯典型：

| 有組織的： | 無組織的： |
|---|---|
| 智商通常比一般人高 | 智商通常比一般人低 |
| 在社會上有能力 | 無社會能力 |
| 很有可能是有技術的勞工 | 無技術的勞工 |
| 有性方面的能力 | 性方面無能力 |
| 在家中子女排行中較長 | 在家中子女排行中較低 |
| 父親的職業穩定 | 父親的職業不穩定 |
| 兒童時期管教反覆無常 | 兒童時期管教嚴厲 |
| 犯罪時能控制心情 | 犯罪時感到焦慮 |
| 飲用酒精飲料後可能犯罪 | 很少飲用酒精飲料 |
| 突然爆發的情境壓力 | 情境壓力極微 |
| 與人同住 | 獨居 |
| 具有機動性，以狀況良好的汽車代步 | 住在犯罪現場附近或在附近工作 |
| 對媒體的犯罪報導有興趣 | 對媒體的犯罪報導沒有興趣 |
| 犯罪後： | 犯罪後： |
| 可能變更工作或離開該區 | 行為重大改變（例如使用毒品或酗酒） |

不感興趣；他們經常掩蓋被害者的臉，或是肢解他們的身體。

除了計畫外，有組織的殺手可能也顯示在智力上有能力適應情況的改變。當愛德蒙‧坎柏在米林大學綁架並射殺兩名女子時，他用毯子將她們包起來，一個放在前座，一個放在後座。他向校園出口的警衛解釋這兩人都喝醉了，他正要送她們回家。

此外，有組織的殺人犯會從犯罪過程中學習；經過一次又一次的犯罪，他們會越來越「進步」。如果警方發現一名連續殺人犯有明顯的犯罪慣用手法，美國聯邦調查局的剖繪專家建議他們特別將注意力放在第一名被害者身上，因為事件發生地點可能與殺人犯的住處或工作地點最接近。隨著

經驗增加，他會盡可能將屍體拋棄在離他綁架他們遠一點的地方。

另一個有事先計畫的指標，就是殺人犯隨身攜帶的「劫持工具」：手銬、繩子等等，通常放在他們的汽車車廂裡。他攜帶自己的武器到犯罪現場，之後再帶走。他可能會清除指紋，甚至清除血跡，有意識地避免留下任何蛛絲馬跡。將屍體帶走並掩埋，也是為了避免被人發現他的身分；此時的被害者通常是赤裸的，身上沒有任何私物。這種意圖最極致的作法就是分屍。

有組織的強姦犯或謀殺犯經常隨身攜帶「劫持工具」，通常包括綑綁、折磨被害人的武器、工具。

有組織的犯罪者時常保留一些被害者的私物——錢包、戒指和其他珠寶首飾或衣物，作為「戰利品」，讓他們能幸災樂禍地重溫幻想。無組織的犯罪者比較有可能隨意切斷屍體的任何一個部位，或一綹頭髮。

## 編排

分析暴力犯罪一個不可或缺的要素是所謂的「編排」（staging）——殺人犯企圖改變犯罪現場，以誤導調查員的方法，或是之後使調查方向改變的舉動。例如，在憤怒下殺害配偶的人，之後可能重新配置家中擺設，讓一切看起來像是強盜謀殺案的樣子。有些殺手可能採取更進一步的措施，手法都非常機智。

1980年2月底一個下午，黛博拉・蘇・凡（Debra Sue Vine）從她朋友家離開，準備要回兩條街外的家，之後就消失不見；她住在俄亥俄州小鎮傑諾。隔天早上她的家人接到一通電話，聽起來像是一位二十歲出頭的白種男子，操著新英格蘭或南部人的口音，他聲稱：「你的女兒在我們手上。我們要八萬美金的贖款，不然你們再也別想看到她。」隔天，黛博拉的父

## 犯罪現場

犯罪現場的細節，尤其是照片，對剖繪專家極為重要。1992年，美國聯邦調查局出版了由道格拉斯、雷斯勒及賓州大學安·柏格斯（Ann Burgess）、東北大學亞倫·柏格斯（Allen Burgess）以及其他三人所撰的《犯罪分類手冊》。在「犯罪現場」的標題下，他們羅列必須思考的問題：

犯罪發生在室外或室內？何時發生的？在哪裡發生的？罪犯在犯罪現場待了多久？有多少嫌犯出現在現場？

犯罪現場是否有實體的證據證明犯罪是出於無意識、混亂的？或者有實體證據證明犯罪者行凶有條不紊、井然有序？文中強調，犯罪現場很少完全有條不紊或完全混亂不堪。比較有可能「介於非常有條理、整齊與混亂、草率之間」。

嫌犯是否攜帶武器到犯罪現場？或者只是隨機於犯罪現場取得的武器？武器不見了，還是遺留在犯罪現場？是否有遺留數種武器，或彈痕？屍體是被隨意丟置，或者被藏起來，以免被發現？屍體被藏起來或被埋葬？嫌犯是否不在乎屍體會被發現？

犯罪現場有沒有多出什麼東西，或是少了什麼東西，對分類嫌犯也很重要。

最後，本文詢問，嫌犯如何控制他的被害者。犯罪現場是不是有類似「劫持工具」的證據，或者嫌犯毫無準備，是突然襲擊，且比被害者孔武有力。

2002年，警方在珊德拉·李維失蹤後，搜索犯罪線索。犯罪現場的實體證據提供剖繪專家無價的線索。

親接到一通操有墨西哥口音的男子的電話（已經被錄下來），要求五萬美金的贖款，並說還會通知他更進一步的指示。因為歹徒要求贖金，所以美國聯邦調查局得以調查本案。三天後，距離傑諾兩英里的路邊發現了一些黛博拉的衣物；隔天在另一條路上又發現她的其他衣物。這些衣物之中挾

著一張被弄皺的紙張，上面畫了一張粗略的地圖，標示出附近河上的一座橋。警方立刻循線找到圖上指示的地方，並發現輪胎痕以及一些指紋，暗示有人拖著某物到橋上，並將之丟到水裡。警方相信這就是黛博拉屍體被丟棄的地方；警方搜索這條河流，但是一無所獲。

雷斯勒正好在附近地區演講授課，警方告訴他這名女子被綁架的所有細節。當下他就推斷，一切線索已經被謹慎地編排過，有必要以調查員被引導的方向做反向思考。接著他寫下嫌犯的剖繪。

凶嫌年齡介於二十八、九歲至三十歲出頭，身體強壯如運動員，因為他可以毫無困難地從街上綁架黛博拉；他以訓練肌肉、駕駛馬力強大的汽車補償其反社會的個性。一個有男子氣概的人，外表整齊，可能有「女人迷」的稱號。編排方式顯示他對警方的辦案手法非常熟悉，雷斯勒認為他之前曾經擔任過警察、私家偵探或保鑣，而且開著一輛類似警車的汽車，並裝有民用波段無線電。現在已經失業幾個月，期間可能有法律問題，並曾被逮捕。

兩名嫌犯符合這個剖繪：剛被傑諾警察局解雇的三十一歲警員，及一名曾在附近警局服務，後來擔任密西根州鐵路探員的男子。前者有牢固的不在場證明；後者則沒有，且他特別符合剖繪中的描述。他在被鐵路局解雇後，曾經因為搶劫而被密西根州逮捕。他以講墨西哥笑話為樂出名，他駕駛一輛馬力強大的汽車，並裝有民用波段無線電。調查員決定祕密監視他。

過了幾個星期，凡先生接獲另一通操有墨西哥口音的電話。這通電話出自傑諾的一個投幣電話亭。隔天下午，美國聯邦調查局探員看到嫌犯從同一個電話亭撥電話；同時，黛博拉的父親在電話中被告知傍晚他將接獲指示。接著嫌犯戴上手套，將一張紙條封住，藏在電話亭的隔板下。凡先生和探員接到一連串電話，徒勞無功地在九個電話亭間奔波，其中一個就是藏有紙條的電話亭。這些證據已經足以逮捕這名男子，他被控勒索，並被定罪。如同雷斯勒所說，黛博拉的屍體在地圖指示的反方向被發現。警

方繼續調查,希望能以謀殺罪起訴這名男子。

## 編排保險索賠

　　編排對其他種類的犯罪也很重要。1991年,雷斯勒從美國聯邦調查局退休,並成為犯罪顧問後不久,他開始提供保險公司建議;這次是有關二十七萬美金的請求,原因是住宅被青少年破壞造成的損失。雷斯勒獨自進行調查,並拍攝現場照片,他描述道:「破壞涵蓋起居室、走廊、廚房、主臥室和浴室。牆壁、家具、畫、衣物、花瓶、玉器及其他物品都已經被毀壞且難以辨識。窗簾掉了下來。畫作上的玻璃裂開。牆上、家具上以噴漆寫著只有一個字的髒話,像是『塞』、『屁』、『爛』和『屌』。還有兩個字的髒話『幹你』。」

　　但是這些破壞都是經過挑選的。一些看起來不是很貴的畫被徹底損毀,但是華麗的框架都完好無缺。昂貴的畫都沒有損壞,只有罩住的玻璃裂開。一大幅畫了一個小女孩的油畫完好無缺。花瓶和雕像撒落一地,但是都沒有破;門的把手壞了,但是門本身和隔間牆都沒有被踢開的痕跡。窗簾的橫桿被拿下來,輕輕地放到地上,沒有損壞窗簾;這現象說明了一切。

美國聯邦調查局探員搜索破門而入的公寓。在少數案例中,這種破壞是出自屋主之手,目的在於詐騙保險索賠。

至於牆上的塗鴉，雷斯勒認為這不是一般青少年會使用的語言；「幹你」比較有可能（如同在卡爾曼案一樣）是出自一名充滿敵意、傲慢的年輕人之手。他推測破壞是由一名獨居的白種女性所為，介於四十至五十歲之間。或許是只有一個女兒的母親，她曾經離婚多次，為金錢及男人的問題所苦，或者在破壞發生前失業。塗鴉的穢語反映她對男性的敵意。雷斯勒總結道：這名女子的憤怒指向一個親近的家庭成員；她希望受到注意；她可能希望取得賠償金以獲得裝潢的經費，否則她根本負擔不起。

> 「這名女子的憤怒指向一個親近的家庭成員；她希望受到注意；她希望取得賠償金。」

保險公司聘請的心理醫師報告，這個剖繪完全符合提出索賠申請的女性。「白種女性，四十幾歲，和男友分手，有財務問題，女兒和她前夫同住……這名心理學家對我的洞察力相當吃驚。我可不這麼覺得。與過去十七年我在美國聯邦調查局努力搜集資料，剖繪未知、邪惡、反社會的罪犯，以做出正確結論相比，這實在輕而易舉，簡直是小孩子的玩意。」

## 約翰・辛克力

1981年3月30日，當約翰・辛克力（John Hinckley）在華盛頓試圖刺殺雷根總統時，他隨即遭到逮捕。美國聯邦調查局立刻確認辛克力二十幾歲，未婚，是來自丹佛的大學生，而且家境相當富裕。他們有他汽車旅館房間的鑰匙，但是迫切地需要更多關於房間裡的東西的詳細資訊，以取得搜索令。

他們召集雷斯勒，並要求他提供一些必須尋找物品的指示。他推論辛克力獨居，不是刺殺陰謀集團的一份子，應該搜索他的房間，以尋找他孤獨、幻想的證據。他指明各種閱讀的材料，像是幾行字特別被畫上底線的書籍或雜誌，以及剪貼簿和日記。此外，他列出信用卡和收據，有助於追蹤過去六個月到十二個月間辛克力的動向；汽車旅館帳單，可能有電話紀

特務將約翰・辛克力撲倒在地；當時他企圖刺殺雷根總統未遂。1981年3月30日，華盛頓。

錄；或者是電話卡。雷斯勒特別建議搜索一台錄音機和幾捲錄音帶，它們很有可能被當作日記使用。

這些特定的物品被列在申請搜索狀的申請書上，讓美國聯邦調查局有權扣押從辛克力旅館房間及其他他曾經使用的房間內找到的物品。如同預期，他們發現他與電影明星茉蒂・佛斯特（Jodie Foster）的電話錄音紀錄，他為她著迷。他們還發現一張尚未寄出的明信片，上面是雷根總統和夫人南西的照片，辛克力在照片上寫著：「親愛的茉蒂：他們不是一對恩愛的夫妻嗎？南西性感極了。有一天，妳和我會佔領白宮，而那些市井小民只得流著口水嫉妒我們。在此之前，請妳盡一切可能保持妳的處女之身……」

另外一封也是寄給茉蒂・佛斯特的信件上，辛克力寫道，他正要去槍殺雷根，他知道他可能一去不復返，他希望茉蒂・佛斯特知道他為她所做的一切。許多報紙，以及茉蒂・佛斯特演出的電影《計程車司機》（ Taxi Driver ）的腳本空白邊上寫著日記及評註。這些雷斯勒預料的資料足以起訴約翰・辛克力，並將之定罪。

# 美國聯邦調查局對「開膛手傑克」的剖繪

1988年10月，電視台推出一個叫作《開膛手傑克的祕密身分》（*The Secret Identity of Jack the Ripper*）的節目，當時是這宗殺人案的一百週年。約翰·道格拉斯及羅伊·海茲伍德受邀以現代方法剖繪這名身分不明的罪犯。

他們全都同意奚落警方的信件是個騙局，依據這名謀殺犯的個性，他不可能向警方發出這種挑戰。他分屍的行為暗示他精神異常、性無能，對所有女性懷有惡意；在肢解器官時，他特別移除了她們的性器官，所以他再也不用害怕面對她們。「閃電」戰術的攻擊形態，顯示他在個性上與社會上也無能，鄰居可能曾經向警察抱怨過他的行為。

殺手是個白人，二十七、八、九歲，智商還算高，但是，是幸運而不是聰明才智讓他逃過警方的逮捕。他單身、獨居、不曾結婚；他來自一個破碎的家庭，家中具有支配地位的女性曾經在身體上虐待他，甚至性騷擾。謀殺都發生在午夜或清晨，這意味著殺手沒有家庭義務。

「傑克」是個可以混入社區，但不引起懷疑或害怕的人。如果他有工作，那一定是低下的職位，他很少有機會和其他人接觸，他絕對不是個專

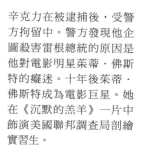

辛克力在被逮捕後，受警方拘留中。警方發現他企圖殺害雷根總統的原因是他對電影明星茱蒂·佛斯特的癡迷。十年後茱蒂·佛斯特成為電影巨星。她在《沉默的羔羊》一片中飾演美國聯邦調查局剖繪實習生。

第一封信的一部分，據稱出自「開膛手傑克」之手。中央通訊社於1888年9月27日接獲這封信。

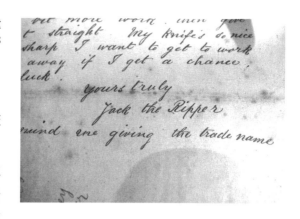

業人員。他尤其可能曾經被警察盤查過。

在考慮過所有的可能性後，兩名美國聯邦調查局的探員都認為艾倫‧寇斯明斯基（Aaron Kosminski）是最有可能的嫌疑犯。寇斯明斯基是波蘭裔猶太人，一名製鞋匠，於1882年抵達倫敦；在「開膛手傑克」第一次展開殺戮前六個月，他被診斷患有梅毒。直到1959年，1889年至1890年期間擔任警察局長助理的梅維爾‧邁克那騰爵士（Sir Melville Macnaghten）於1894年寫下的一張備忘錄才引起大眾的注意。上面寫著寇斯明斯基是三個已知的嫌犯之一；接著發現1987年早期負責「開膛手傑克」調查的羅伯‧安德森爵士（Sir Robert Anderson）所寫的書上的旁註。

安德森寫道：「……唯一曾看清楚謀殺犯的人，在再次正面看到他時，立刻就認出他來，但是他拒絕提出任何不利於他的證據。」安德森的前輩警察巡官唐納德‧史汪森（Donald Swanson）在書上空白處確認這個人就是寇斯明斯基：「不久這名嫌犯的手被綁在身後，並被送往史帝尼感化院，又再被送往孔尼哈契（倫敦的精神療養院）。」據報導，寇斯明斯基「因為多年耽溺於獨居的罪惡而成為精神病患」，他一直被拘禁，直到1919年死去。更重要的是，寇斯明斯基被送往精神療養院後，就沒有再發生任何謀殺案。

左圖／《警察新聞週刊》的頭版，報導「開膛手傑克」調查的最新細節。圖示是第四位受害者被發現，時間為接獲信件後兩天。

# 辨識系統

1958年，查理・史塔克維德（Charles Starkweather）展開一連串無目的的殺人行動，威脅了北美大平原。當他被判死刑後，人們問史塔克維德是否願意捐獻他的眼睛以供移植，他回答道：「喔，當然不！從沒有人為我做過什麼。為什麼我得為他們付出？」

1950至1960年代，美國每年約有一萬件殺人案發生，幾乎所有案件都在十二個月內偵破。其中大部分為被害者的親友所為：配偶、親戚或鄰居、同事，所以很容易偵辦。「陌生人」謀殺案很少。不過情況在之後幾十年有所改變。

1980年，美國有兩萬三千人被謀殺。「總統的犯罪被害者特別小組」主席羅伊・海特・何靈頓（Lois Haight Herrington）說道：「潛伏的危害正在美國發生。犯罪使我們所有人都成為被害者。危險的感知影響了我們思考的方式、我們住的地方、我們去的地方、我們買的東西、我們養育子女的方式，以及當我們年老時的生活品質。任何人都可能無預警被攻擊、打傷、搶劫、殺害，我們完全無法控制這個暴力犯罪的鬼怪。這個國家的每位公民將因無所不在的暴力犯罪，而變得更貧困、更沒有自由、更擔心受怕、更不安全。」

1980年同時也是總統選舉年。共和黨的雷根在擔任加州州長時，已經以打擊犯罪的堅定立場聞名——競選活動的焦點都放在這個議題上，批評民主黨的卡特總統以及美國聯邦最高法院沒有能力有效地處理這些問題。他承諾提高執法機關的權力，而這在某種程度上使他順利當選。

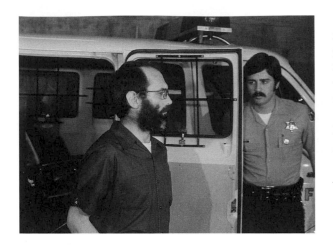

1973年至1977年之間，派翠克·韋恩·凱爾尼及他的愛人大衛·道格拉斯·西爾在加州殺害了十五名年輕男子。每件案子都有明顯的犯罪特徵。所有被害者都是男同性戀；每具屍體都裸露，頭部有槍傷；有幾個被分屍，而他們的屍塊被塞進相同的塑膠袋。

　　新任美國司法部長威廉·法蘭區·史密斯（William French Smith）立刻建立暴力犯罪專案小組，並羅列一群傑出犯罪學者的名單，以找出對抗犯罪潮流的方法。他同時要求司法部各個部門準備將如何協助這項國家計畫的報告；其中最重要的就是美國聯邦調查局。

　　其中最大的問題之一，就是連續殺人案的偵查。1983年10月，美國聯邦調查局宣布，1982年大約有五千名美國公民被「陌生」謀殺犯殺害，而且大部分案件都未偵破。行為科學小組主席羅傑·德普（Roger Depue）宣布，美國有三十五名連續殺人犯；因為他們可以走遍各地，所以並沒有有效的方法追尋他們的行蹤及犯罪。

　　從警局退休，曾經擔任警察指揮官三十五年，目前則擔任顧問的皮爾斯·布魯克斯（Pierce Brooks）曾經向司法部提出建立一套全國的、電腦化的「暴力罪犯逮捕計畫」（VICAP）；1982年，政府撥出有限的款項研究這項建議。「暴力罪犯逮捕計畫」專案小組由布魯克斯、德州山姆休斯頓大學道格拉斯·摩爾（Douglas Moore）教授辦公室主持，成員尚有謀殺案調查員、犯罪分析師，以及來自其他二十多州執法單位的專家，包括行為科學小組的雷斯勒。

　　有一次專案小組在開會時，一名成員倉促衝進會議室，宣布一個叫作

亨利・李・魯卡司（Henry Lee Lucas）的男子剛剛才自認犯下一百多起謀殺案，地點幾乎遍及美國各州；他堅稱，此案代表「暴力罪犯逮捕計畫」的迫切需要。

## 亨利・李・魯卡司

依據亨利・李・魯卡司自己的說法，他是有史以來最可怕的連續殺人犯。魯卡司說當他還是小孩子的時候，曾遭受嚴重的剝削：「我痛恨我的一生。我痛恨每一個人。當我剛長大時，我記得我母親把我打扮得像個小女孩似的；而且持續了三年。」他宣稱他第一天去上學時，母親把他打扮成女孩子的模樣，還燙了頭髮。「之後，我就被當作家裡的狗對待，我被打、被強迫做沒有一個人類願意做的事⋯⋯」

後來警方拍攝魯卡司腦部的 X 光片，結果顯示他腦部控制情感與行為的部分，因為母親凶狠的毆打而損壞。他小時候被哥哥拿刀子刺傷眼睛，導致一隻眼睛失明。青少年的魯卡司沉溺於虐待以及各種變態性行為。他聲稱早在十三歲時，他就殺害一名女老師，因為她拒絕接受他的殷勤。1960 年，當他二十四

亨利・李・魯卡司自稱是美國殺人最多的連續殺人犯；不過後來的調查顯示，他大部分的主張都是虛假的。

執法人員正在研究德州接近史東柏格的一個地方,他們相信魯卡司的被害者之一,八十歲的凱特・李奇被埋葬在此。魯卡司後來帶著他們來到一個接近他家的窯邊,警方在此找到她的遺骸。

歲時,他終於刺死他的母親。他被裁定二級殺人罪,判處四十年徒刑,並被關在密西根州的愛奧尼亞州立精神病院。

不過,六年後他被釋放,雖然他請求醫院當局:「我還沒準備好要離開。我知道我會再度殺人。」他聲稱就在那天,他殺害了一名出現在醫院門口不遠處的年輕女性。依據他的自認,之後他展開十七年放縱的謀殺遊戲,他在全美各地漫遊,強姦、殺人。

他最後加入縱火犯歐提斯・愛爾伍德・土勒(Ottis Elwood Toole)及十三歲的弱智者佛里爾達・鮑威爾(Frieda Powell)的行列。這個奇怪的團體組成一年,不斷進行各種破壞行為。當土勒離開後,魯卡司和佛里爾達

一同於德州的史東柏格落腳；魯卡司在此擔任八十歲的凱特‧李奇（Kate Rich）的雜務工。當李奇奶奶和佛里爾達同時於1982年10月失蹤後，鄰居開始懷疑，並通知警長。沒有證據顯示李奇已經遇害，而魯卡司則表示對他們的去向一無所知。

1983年6月，魯卡司因為非法持有槍枝再度被捕；他在獄中寫了一張便條給警長：「我一直尋求協助，但就是沒有人相信我。我已經持續殺人十年了，但沒有人相信我。我不能再這樣下去了。我同時也殺害了我唯一愛過的女孩。」

接著他帶著警察到李奇奶奶與佛里爾達被棄屍的地方。傍晚，他開始自認他的殺人生涯，全程並被錄影下來。一開始他說道：「我曾經做過一些相當壞的事。」自白持續了一個小時，魯卡司承認他記得自己曾謀殺超

魯卡司在獄中自認犯下「超過兩百件」謀殺案，地點幾乎包括了各州。警方為了可以解決上百件懸而未決的案件，要求他出面在許多不同地點接受訊問，並宣稱多起懸案已經偵破。

過兩百人,地點幾乎擴及各州。

在他自認,並宣判死刑後,德州巡邏隊接獲各州警方的詢問,希望可以處理大量尚未偵破的殺人案。在調查過程中,魯卡司時常被允許離開德州的監獄。雷斯勒寫道:「運載他的交通工具不是飛機就是汽車,他住在汽車旅館裡,在餐廳用餐,而且時常被當作名人對待。」而三十五州的警察認為,他們可以宣布將近兩百一十件案子已經偵破。

不過,美國聯邦調查局開始懷疑魯卡司的主張。一名休士頓的探員詢問魯卡司是否犯下一起蓋亞那的謀殺案。魯卡司說:「是的。」但是他不確定蓋亞那在路易安那斯州或德州。事實上,蓋亞那遠在幾千英里外的中美洲,異教徒領袖吉姆・鐘斯(Jim Jones)曾經說服他上百名信徒集體在鐘斯鎮租借地自殺。魯卡司的雇傭紀錄、信用卡帳單及其他證據及時出現,證明他大部分自認都是虛假的。這些調查大多出自《達拉斯時代先鋒報》(Dallas Times Herald)的兩位記者,例如他們發現,魯卡司自認犯下德州殺人案,但案發時他其實人在佛羅里達州。

> 1991年的電影《亨利——連續殺人犯的故事》(Henry, Portrait of a Serial Killer)大體上依據亨利・李・魯卡司的犯罪與一生所拍攝。

亨利・李・魯卡司站在法院外面,他因「自認」罪刑而心滿意足。小時候,因為哥哥拿刀子刺傷他的眼睛,導致他一眼失明。

後來魯卡司接受雷斯勒的訪談時承認，他自認的那些謀殺案幾乎都不是他所為：自從1975年起，他「殺害了一些人」，或許五個。他說謊是因為「好玩」，並凸顯警察的「愚蠢」。雷斯勒寫道：「如果我們有『暴力罪犯逮捕計畫』，那麼當魯卡司第一次自認自己的驚人之舉時，我們就可以輕鬆地檢視，他的自認有多少是真實的，又有多少是虛假的。」

魯卡司等待執行死刑等了十五年，但是1999年，當時的德州州長布希卻將他減刑為終生監禁。

## 「暴力罪犯逮捕計畫」提案被接受

1983年7月，皮爾斯・布魯克斯和羅傑・德普出席華盛頓參議院考慮「暴力罪犯逮捕計畫」提案的小組委員會。在一封致美國聯邦調查局現任局長威廉・偉博斯特（William H. Webster）的信上，小組委員會主席暨參議員阿倫・史貝克特（Arlen Specter）寫道：「這個系統可以分析隨機、無目的的殺人犯、綁架犯……資料將由各州及地方的執法機關基於特定犯罪的證據系統化。這些資料將由中央單位進行分析，並對類似攻擊進行比對。當可能的關連被確定後，兩名或兩名以上的探員即可連結他們的調查。」

安・魯爾（Ann Rule）曾經擔任警察，現在是真實犯罪書籍的作者，也是小組委員會的連署者之一。她說：「依據我的研究，連續殺人犯時常到處遷徙；他們四處移動。一般人平均開車的里程是每年約一萬五千英里到兩萬英里；幾個我曾經調查過的連續殺人犯，每年開車里程數高達二十萬英里。他們經常移動。他們可能開一整晚的車。他們時常尋找不經意遇上的倒楣鬼……連續殺人犯通常不認識他們的被害者。他們通常是陌生人，內心充滿極大的憤怒。無情、沒有良心而且非常狡詐。」她強調應該成立一個強大的綜合全國資訊計畫。

皮爾斯・布魯克斯描述他在二十五年前調查殺人案件時，需要花費許多時間研讀報章雜誌。他說：「這幾年來，原始系統讓我花了不少時間。

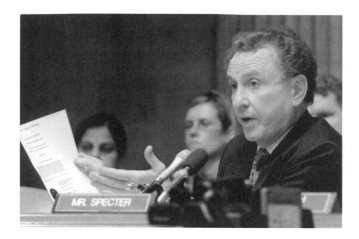

參議員阿倫·史貝克特1983年時擔任參議院考慮是否建立「暴力罪犯逮捕計畫」小組委員會的主席。在一封致美國聯邦調查局局長威廉·偉博斯特的信上，他建議採用。

真正的悲劇是，至今我們的警察仍舊以相同方法辦案……我們分析犯罪資訊以及彼此溝通的能力正在消失中。這就是『暴力罪犯逮捕計畫』將發揮的功效。」他認為最適合建立這項計畫的地方，就是坎迪克學院的行為科學小組。羅傑·德普接著說明行為科學小組的工作，及雷斯勒的研究計畫。

這項提案最具說服力的一點，就是據估計，設立這項計畫每年的經費「只需五十萬美金」。接著，在山姆休士頓大學刑事司法中心的一場會議上，偉博斯特同意，美國聯邦調查局一致同意「暴力罪犯逮捕計畫」的重要性。他說，這計畫應該由坎迪克學院行為科學小組的專家建立，而且這項新計畫以及行為科學小組現行所有功能，都應該與已經存在的「全國犯罪資訊中心」有所區別。他預估這個組織前一兩年的經費將低於三百萬美金。九個月後，雷根總統宣布建立「全國暴力犯罪分析中心」。

## 「暴力罪犯逮捕計畫」的犯罪分析報告

至此，美國聯邦調查局的探員已經大量仰賴犯罪現場攝影以提供他們犯罪細節及犯罪環境。他們現在建立一份「暴力罪犯逮捕計畫」的犯罪分析報告表格，並發給美國聯邦調查局五十九個分支機構。

　　「暴力罪犯逮捕計畫」的表格是設計用來讓電腦分析的，乍看之下使用上非常困難，但是每一部分都很重要。表格裡共有一百八十九個問題，分散在四十二個標題下。在記錄必要的指定細節後，美國聯邦調查局探員必須提供有關三種犯罪類型之一的簡短資訊：謀殺或企圖謀殺；身分不明的屍體，可能為謀殺案受害者；有人被綁架或失蹤。在這部分，探員也必須評估，嫌犯之前是否曾殺過人，或者案件是否與有組織的毒品非法交易有關。

　　接著是特定案件的細節：日期和時間；被害者身分（例如婚姻狀態、職業、教育等等）；被害者生理特徵的完整描述，包括胎記、刺青及其他特殊生理特徵，和衣物等。之後，這份表格要求調查員提供「有合理理由

美國聯邦調查局局長威廉·偉博斯特與他的同僚交換意見。他同意行為科學小組應引進「暴力罪犯逮捕計畫」。九個月後，雷根總統宣布建立「全國暴力犯罪分析中心」。

犯罪心理剖繪檔案
Profile of a Criminal Mind

相信必須為該案負責之人」的資訊，以及當時被羈押中的人；與犯罪有關的任何交通工具的細節。

截至目前為止，已經有九十五個問題。接下來在「嫌犯犯罪慣用手法」的標題下，還有六十一個問題，涵蓋犯罪現場的各個細節。然後驗屍官和鑑識調查員必須回答三十個問題。最後，探員必須提供其餘相關案件的名單，以及相當簡短的「敘事摘要」，包括「任何探員覺得非常重要，但是之前不曾提及的細節」。

要求犯罪剖繪的評估不應與「暴力罪犯逮捕計畫」的表格一起提出。這種請求必須向美國聯邦調查局適當分支機構的犯罪剖繪協調員提出。協調員必須檢視這些資訊，而且如果請求許可，就必須將整組剖繪資料交給「全國暴力犯罪分析中心」。

美國聯邦調查局發布特別指示，教導探員如何填寫「暴力罪犯逮捕計

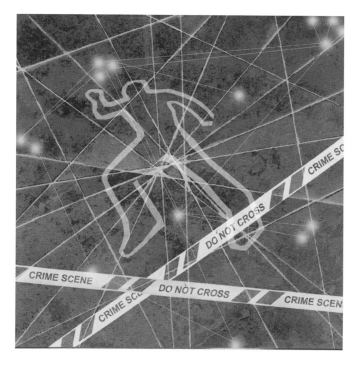

「『暴力罪犯逮捕計畫』的任務在於促進執法單位間的合作、溝通以及協調，並協助執法單位調查、確認身分、追蹤、逮捕、起訴連續暴力犯。」

# 「暴力罪犯逮捕計畫」綱要

　　摘錄「暴力罪犯逮捕計畫」報告的目的在於，讓一個不熟悉案情的人可以很快就大概了解到底發生了什麼事。美國聯邦調查局提供一些典型的例子：

　　一、部分被肢解的成年女性屍體在國家公園的樹叢裡發現，距離州際公路〇‧二五英里。有跡象顯示被害者曾遭性侵害。被害者被槍殺而死，且似乎不是在屍體被發現的地方被殺害的。被害者究竟是在哪裡被殺害，目前還不清楚。

　　二、人們最後看見這個女孩是在學校的時候。證據顯示，她很有可能在學校或回家的路上被綁架。被害者並沒有返家，屍體也沒有被發現。調查顯示，被害者不太可能是離家出走，或者是自動消失。本案與八個月前在相同地區發生的案件類似。

　　三、嫌犯進入一名男子與妻子及兩個嬰兒的住宅。嫌犯在住宅內奪取財物，並與丈夫發生衝突，丈夫被槍殺身亡。妻子聽到槍聲後立刻前來探看，嫌犯將之綑綁。嫌犯不斷地用拳頭揍她，強迫她進行口交，接著並強姦她。子女並沒有被攻擊。嫌犯離開住宅，開車離去。嫌犯一個星期後在相同社區打劫另一住家時被捕。

當伊莉莎白‧史馬特於2002年6月在她鹽湖城的家中被綁架時，警方宣稱，美國聯邦調查局已經建立嫌犯的剖繪。

畫」的表格。「如果不知應如何提供答案，應該以你的經驗和判斷做出決定。不需有超越合理懷疑的證據，但也不應該只是臆測……如果案件有多名被害者，每名被害者均需填寫一份『暴力罪犯逮捕計畫』表格。嫌犯的資料不需要附加上去。若案件的嫌犯不只一人，那麼需要送上所有被害者的完整『暴力罪犯逮捕計畫』表格，然後複印並附加罪犯檔案於每份報告中。」

德州公共安全局執法處處長麥克·史考特能宣布一個能連結德州及「暴力罪犯逮捕計畫」資料庫的電腦軟體。

　　最後，美國聯邦調查局強調：「犯罪者已經被逮捕，或身分已經被確認，仍舊應該呈報，因為在『暴力罪犯逮捕計畫』系統中尚未解決的案件可能與這些已知犯罪者有關。」

　　1985年5月，皮爾斯看著坎迪克學院的操作員將第一筆「暴力罪犯逮捕計畫」表格的詳細資料輸入電腦。在將近三十年後，皮爾斯的夢想終於實現。該年10月，「全國暴力犯罪分析中心」的所有支出為美國聯邦調查局年度預算所吸收，包括四項基本計畫：暴力罪犯逮捕計畫；剖繪；研究和發展（大部分與雷斯勒的「罪犯個性調查計畫」有關），以及訓練聯邦調查局探員和刑警。「『暴力罪犯逮捕計畫』是一群財務短缺的人的夢想，而我則對行為科學以及實際進行調查比較有興趣。」令雷斯勒最沮喪的是，他被指派為「暴力罪犯逮捕計畫」的負責人。不久他就退休，並成為獨立顧問。

　　「暴力罪犯逮捕計畫」一開始即被大部分州欣然接受，而且一直由美國聯邦調查局使用。但是許多警察發現完整的表格太過複雜且浪費時間，所以採用簡化的報告。羅赫契特、巴爾的摩、堪薩斯城、摩比港、費城及

芝加哥；洛杉磯、紐約州、康乃迪克州、麻薩諸塞州以及維吉尼亞州的警方全都採用精簡型報告格式。其他州，包括愛荷華州、華盛頓州、明尼蘇達州、新澤西州及賓州則建立自己的追蹤系統，但是並不直接與美國聯邦調查局連線，所以缺乏以國家為基礎的資訊交流平台。

## 逮捕的六個步驟

　　美國聯邦調查局的剖繪專家已經確認逮捕身分已確定嫌犯的五個分析步驟，以及導向最終階段的第六步驟：

　　第一、輸入剖繪，包括全國「暴力罪犯逮捕計畫」的報告。這階段必須搜集所有可取得、與犯罪有關的資訊，包括實體物證、犯罪現場照片、驗屍官的報告及照片、證人證詞、被害者的背景以及報案紀錄。

　　第二、決策程序模型。接著剖繪專家以犯罪行為的特點組織這些資料。在殺人案中，它是屬於哪一類型（美國聯邦調查局的《犯罪分類手冊》羅列了三十二種重大殺人案類型）？嫌犯主要的動機為何——性方面的、財物方面的、個人的，或是情感混亂？在攻擊前，被害者必須承擔多少風險，以及嫌犯需要承擔多少風險？殺人前後的行動順序為何，及這些行動發生時間的長短？犯罪是在哪裡發生的？屍體被移動過嗎？被害者是在哪裡被殺害的？

　　第三、犯罪評估。剖繪專家現在試圖重建嫌犯及其被害者的行為。犯罪是有組織的或是沒有組織的？是否有經編排以誤導調查方向？像是時間、死因、傷口位置、屍體位置這些細節是否暗示殺人動機？例如：凶狠地從正面攻擊臉部，暗示殺手認識被害者。謀殺工具是偶然取得，反應謀殺是出自衝動，而且意味著嫌犯住在被害人附近。發生在早上的謀殺案通常與酒醉或嗑藥無關。

　　第四、罪犯剖繪。當典型的罪犯剖繪完成時，應該包括嫌犯的種族、性別、婚姻狀況、居住狀況以及職業歷史；心理特質、信仰及價值觀；對

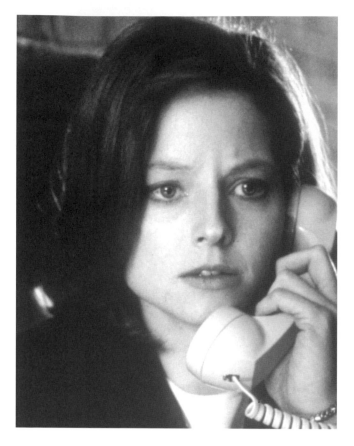

茱蒂・佛斯特主演電影《沉默的羔羊》。她在片中飾演美國聯邦調查局的實習探員克拉莉斯・史達林,她被行為科學小組派去訊問連續殺人犯漢尼拔・萊克特。

警察可能的反應;犯罪紀錄,包括過去可能曾經犯下類似的違法行為。年齡也必須包括在內,但是很難精準確認嫌犯年齡,因為情感的發展和經驗不一定與實際年齡一致。至此,剖繪專家必須回到第二步驟,以確保剖繪結果符合犯罪資料。

第五、調查。必須提交一份書面報告給調查員,他們將全神貫注於最有可能符合剖繪的嫌犯。如果這個階段出現任何新證據,剖繪專家可以進行修正。

第六、逮捕。這些分析欲達成的結果,就是逮捕嫌犯。接著關鍵要素是訊問,可能讓嫌犯自認,或者至少願意討論該案。

自從1990年起，美國聯邦調查局行為科學小組已經更名為「行為科學部」，額外增加了「調查支援組」，負責一項「罪犯調查分析計畫」。在具指標性的那一年，美國聯邦調查局宣布，他們檢驗了七百九十三件案子，其中有兩百九十件不屬於美國聯邦調查局的管轄範圍。雖然美國聯邦調查局的《犯罪分類手冊》上有許多剖繪案例的摘要（匿名），只有少數案件的特定細節曾經被公開報導過；而其中大部分則出現在退休剖繪專家出版的回憶錄中，像是雷斯勒或道格拉斯。結果，大眾所知道的都是剖繪成功的案例，而不是失敗的案例。至於有關這項計畫的科學評價則很少。

事實上，不管「暴力罪犯逮捕計畫」表格在比對犯罪、追蹤罪犯者的價值，不管美國聯邦調查局主持的教學計畫的重要性，各個剖繪專家的工作大部分還是仰賴直覺。不過，1990年，披尼索陀（A. J. Pinizzotto）和芬可（N. J. Finkel）在《法律與人類行為》（*Law & Human Behavior*）雜誌上發表了一篇以剖繪案件為主題的學術研究報告，他們認為剖繪專家比臨床心理學家，甚至是有經驗的犯罪調查員，更有能力提出有用、有效的罪犯剖繪。

## 加拿大系統

在加拿大，「加拿大皇家騎警隊」創立了「暴力犯罪連鎖分析系統」。這個系統開始於1980年代中期，當時電腦化的資料庫被稱為「超級犯罪檔案」。不過到了1990年，「超級犯罪檔案」已經有八百件案件，但是與已報案案件的連結尚未建立，這項計畫已經被認為幾乎失敗。結果，在渥太華加拿大皇家騎警隊總部負責「暴力犯罪分析機構」的警官羅‧邁凱（Ron Mackay）到坎迪克學院待了十個月，返國後成為加拿大第一位合格的「犯罪調查分析員」。

在諮詢幾位精神病理學專家後，邁凱和他的小組一起製作了與美國「暴力罪犯逮捕計畫」表格類似的報告手冊。

　　邁凱認為美國現行系統必須改進，以提供跨國交流。他特別指出，因為美國區分聯邦法及州法，所以美國聯邦調查局無法追蹤連續性侵害案；而依據經驗，這時常逐步發展成殺人案。在諮詢幾位精神病學專家後，邁凱和他的小組一起製作了與美國「暴力罪犯逮捕計畫」表格類似的報告手冊；不過甚至比美國的還要冗長，共有兩百六十二個問題。加拿大皇家騎警隊宣稱，完成整份表格不到兩小時；「如果調查員能夠回答每一個問題，他或她便可以確定自己的調查工作做得十分徹底」。除了美國聯邦調查局所考慮到的犯罪類型外，性侵害也包括在內。

　　一旦「暴力罪犯連鎖分析系統」的表格完成後，也必須建立一個可以搜集和分類搜集到的資料的標準電腦系統。英屬哥倫比亞特區的警官凱斯・大衛森（Keith Davidson）也是合格的犯罪調查分析員，建立他稱為「MaCROS」的地方系統；這成為加拿大全國系統的初步模型。兩位電腦工程師在了解警方辦案流程及調查技術後，建立了一套軟體。起初，加拿大十個「暴力罪犯連鎖分析系統」小組各自維護自己省分的資料庫，但是現在可以利用數據機及加密軟體確保資訊安全後，這些資料庫都與渥太華的中央電腦連線。原始資料的解譯，掌握在「暴力罪犯連鎖分析系統」專家的手裡。他們必須具備至少五年執行調查重罪案的實務經驗、人文學科的學術背景，並通曉電腦。

　　到了1997年，兩萬件案子已經記錄在該系統中，建立超過三千兩百個連結。當連結建立後，它們就成為一個「系列」，很快地，檔案上就有超過一千一百個系列。加拿大皇家騎警隊聲稱：「這些數字證實，在加拿大有許多連續重罪犯正在危害一般老百姓的正常生活。」

　　美國聯邦調查局系統顧問，哈佛大學的大衛・卡凡納夫博士（David Cavanaugh）說，加拿大人「自動化連結刑事案件，就像日本人用裝配線自動化汽車生產一樣。他們拿走美國人的好主意，並改良成為世界上最好的東西」。

溫哥華警局的探員史考特・德利米爾及加拿大皇家騎警隊的警官凱特・加利佛德宣布一份失蹤婦女的名單，很有可能已經於 2002 年 3 月成為英屬哥倫比亞特區連續殺人犯的被害者。

## 荷蘭的方法

在過去二十五年內，荷蘭警察越來越意識到調查中犯罪分析的重要性。結果，他們在「全國警察署」的「全國刑事情報局」下設立了一個「犯罪者剖繪組」。雖然他們的方法基本上是與美國聯邦調查局一起研究出來的，但是卻有一些重要的差異，例如，剖繪小組是由鑑識心理學家及美國聯邦調查局訓練的警官組成。

荷蘭同時也認為，這個小組不僅對警方負有解釋義務，對於整個科學界亦是如此。小組的成員必須公開他們的研究成果，讓其接受科學界詳細的檢查及批評，並讓各界評價他們主張的可靠性與有效性。

## 國際刑事警察組織的犯罪分析

　　1993年3月，國際刑事警察組織（Interpol）成立了一個全方位的「分析犯罪情報單元」（ACID）。

　　他們說：犯罪分析的好處在於，它引進了結構、方法和一套一致的技術，例如，評估破門竊盜犯的體型、身高；或是集團犯罪團體，像是「黑手黨」的各種行動；或是確認連續殺人犯的身分……犯罪分析結合建立假設、重建個人犯罪事件的過程、確認連續的相同犯罪，以及分析犯罪範圍及模式的一致技巧。

　　這個系統以兩個重要原則為基礎：剖繪結合了調查經驗以及行為科學知識；剖繪應該只被當作指導調查方向的指標。

　　剖繪小組許多內部調查研究包括，比較一名有經驗的警察在犯罪現場可能做出的推論，以及一名受過美國聯邦調查局訓練的剖繪專家可能做出的推論。他們發現，大部分警察探員所做的推論都比較主觀，主要根據個人過去類似犯罪調查的經驗；至於其他遵守美國聯邦調查局指導方針的探員則比較客觀，提出的分析比較一致。彼得・愛斯沃斯（Peter B. Ainsworth）在《嫌犯剖繪與犯罪分析》（*Offender Profiling and Crime Analysis*, 2001）一書中寫到有關荷蘭的方法：「有經驗的探員可能比較在意尋找鑑識證據，像是指紋、DNA樣本、纖維等等。剖繪專家可能比較會用必須經過檢驗的可能性或假設性詞彙，而探員比較關心『事實』。」很難說哪一種方法比較好，但剖繪專家的分析確實比較科學。

　　雖然荷蘭小組對犯罪調查的貢獻很大，但是對於「剖繪」卻沒多少建樹。1997年的報導指出，「現在已經很少人剖繪嫌犯」，注意力已經移轉到嫌犯的犯罪慣用手法上。

## 法國的犯罪剖繪

在法國，執行剖繪往往不是出於警方的要求，而是負責檢驗的地方法官（他們與美國的大陪審團不同），他們必須考慮所有證據，以決定該案是否成立。他們可以要求心理醫師或精神病學家檢視所有檔案——包括警方的報案紀錄、證人陳述、犯罪現場的照片和計畫（剖繪專家很少實際造訪犯罪現場）、驗屍的照片和報告，以及鑑識細節；最後再依據這些資料做出評估。主要的重心也放在可以從罪犯心理發現什麼。

來自各國的警察在法國的國際刑警組織總部集會。

法國的連續殺人犯法蘭西斯・西爾木，一名流浪漢。他曾經被控無目的謀殺五十名男性、女性及小孩。不過他否認曾謀殺小孩。

　　據說臨床心理學家皮耶・雷克來（Pierre Leclair）是唯一的例外。在精神病院服務十五年後，他加入了法國國家警察隊，提供徵募新兵的建議，最後幾年則致力於嫌犯剖繪上。

　　不過，雷克來不希望自己被稱為「剖繪專家」。他聲稱：「這個詞彙並不適用於法國。當南非有犯罪事件發生時，直昇機將降落在我南非同僚的院子裡，將他載往國家的另一端。法國還差得遠呢。」他需要一週「了解熟悉這些檔案」，並且與調查員密切合作：「我來這裡並不是要來做警方的工作，而是來協助他們的。」在三年中，他的工作擴及三十二件刑事案件，並宣稱他最精確的剖繪能帶來「百分之六十的助益」。

　　德國和瑞士有關心理剖繪的著作甚少，不過他們對這項技術非常有興趣。英國的情況非常特殊，一系列以大眾市場為目標的書籍以及成功的電視節目吸引了廣大民眾的注意。

# 魔鬼警探

　　1990年代初期，一個法國憲兵追蹤一連續殺人犯三年的時間，但因不滿其獲得的支持不足而辭職，並成為一名專精於心理剖繪的私家偵探。這個人是尚‧法蘭西斯‧雅柏拉（Jean François Abgrall）。他成功地使法蘭西斯‧西爾木定罪，辯護律師稱他為「那個惡魔」。

　　這兩個人1989年第一次在諾曼第的憲兵隊（警察軍營）見面；當時雅柏拉正在調查不列塔尼附近不列斯特一起婦女謀殺案。西爾木顯然有無懈可擊的不在場證明：案發當時，他在一家距離案發地點八十公里（五十英里）外的醫院，護士正在為他量體溫；西爾木正在這家醫院接受酗酒及結束流浪生活形態的矯正。

　　雅柏拉在他的書《殺人犯的心理》（In the Mind of the Killer, 2002）中寫道：「當我一看到這個人，我就知道這是一個危險、暴力的人……至於那個無懈可擊的不在場證明，我發現如果病人不在床位上的話，護士就會從床邊桌上的溫度計記錄體溫。」

　　嫌犯是個流浪漢，不適應社會環境、酗酒、曾斷斷續續入醫院接受治療。雅拉柏頑固地追蹤他怪誕的行蹤，並花了很長的時間偵訊他，漸漸了解這名男子的個性。西爾木以奇怪而抽象的方式談論發生在1986年至1991年間特定日子中的「障礙」，他聲稱自己是某些謀殺案的目擊者。雅柏拉寫道：「我們明白，他在談論那些甚至連我們都不知道的謀殺案，而我們讓他以自己的步伐，引領我們進入他的世界。」

　　謀殺方法並沒有一定的模式，有關當局無法確定西木爾涉案；儘管他的行為怪異、難以捉摸。一位心理學家的評估指出：「以心理學上看來，西爾木不能算是危險；然而就犯罪學而言，他卻是危險的。」最後所有證據充分地顯示，西爾木就是不列塔尼案的凶手，而法國警方相信，他必須為其他五十起被害者遍及男女老少的謀殺案負責。

尚‧法蘭西斯‧雅柏拉曾經是法國憲兵，後來辭職，並改行為私家心理剖繪專家。由於他的努力不懈，連續殺人犯法蘭西斯‧西爾木最後才終於被逮捕。

# 犯罪分析的直覺方法

不列顛群島有自己的連續殺人魔，其中最可怕的是夫妻檔殺手佛列德及羅斯瑪利‧維司特（**Fred and Rosemary West**）。剖繪在英國的發展方向與其他國家相當不同，而且基本上主要還是以直覺為主，並不是透過電腦或犯罪調查員進行分析，而是靠犯罪心理學家。

　　英國之所以會採用犯罪剖繪，可以說是因緣巧合。薩里郡大學應用心理學教授大衛‧坎特（David Canter）曾經於1985年獲邀至蘇格蘭場用午餐。他在那裡與兩位刑事探員討論行為科學是否可能對警方的犯罪偵查有所貢獻。

　　「當時我根本沒聽過什麼『剖繪』，但是從犯罪細節解釋罪犯生活的想法很令人振奮。」他在《罪犯陰影》（*Criminal Shadows*, 1994）一書中這樣寫道。

　　兩個月後，坎特在倫敦《標準晚報》（*Evening Standard*）頭版上看到一篇有關過去四年，二十四起連續性侵害案的報導；這篇報導宣稱調查員相信這些案件都出自同一人之手，雖然偶爾有共犯。坎特利用報紙上的資訊繪製了一個事件圖，以及事件發生的日期，並將只有一人犯案的案件與有共謀的案件分開。

　　他發現，只為一人所為的案件都發生在不久前，至於有兩名攻擊者的案件則比較早。在一封致蘇格蘭場的信中，他寫道：「我沒有證據可以證明這名獨自犯案的人犯下了所有案件，但如果真是這樣的話，那麼我們應該可以在整個連續殺人案的線索中發現這兩名男子的關係。如一份報紙上提到，其中

一名男子在火車站附近工作，只有在特殊情況下才會與另一名男子會面，可能與工作有關，這可以引領我們探索證據……」

## 逮捕「火車強姦犯」

出乎意料地，幾個月後，坎特被邀請到倫敦北部的漢敦警察大學參加一場高階層的研討會，討論這項調查。當他在那裡的時候，他發現三個警察機關與本案有關，因為兩名不同的謀殺犯（除了性侵害外）同時被調查中。

鑑識證據以及犯罪現場某些反常的部分，引導警方推論，強姦和謀殺

這就是約翰·達非（左），他早期與另一名男子共同犯下強姦案。當坎特博士的分析協助警方逮捕達非時，確認另一名共犯為大衛·莫卡席，他是達非童年時的玩伴，曾協助他獵捕被害者。這兩人曾在小時候一起拍過照。

全都出自同一人之手，也就是被報紙稱為「火車強姦犯」的凶手。坎特更驚訝地發現，警方竟然詢問他是否願意協助偵查。兩名警察被指派協助他作業。

這兩個謀殺犯殺害了一名十九歲的祕書，她的屍體在倫敦東區被發現；另一名被害者則是十五歲的荷蘭女孩（最近才與家人抵達英格蘭），她的屍體在距離倫敦南部四十英里外的森林裡被發現。謀殺案與強姦案的關係即將建立時，警方因為案情沒有進展，幾乎已經要斷定這與連續強姦案無關了。

強姦案與謀殺案的被害者拇指都被一種特殊的麻繩綁住，嫌犯都縱火燃燒放在被害者身上的衛生紙。一特定的血液組亦在強姦案與荷蘭女孩的身上發現。

坎特在吉德佛特的警察總部裡擁有一個小型調查室，距離他教書的大學不遠，另外兩名警察也加入他的調查工作。他帶來一台筆記型電腦，以及一套軟體；這套軟體是為了調查人們對餅乾的偏好而製作的。坎特和警員一起合作調查他們已經知道的有關犯罪的所有細節，以期可以尋找到能夠揭露凶手身分的模式。他們分析嫌犯的行為特徵，因為被害者在極端恐懼的情感壓力下所提供的描述非常不一致。

## 決定性的犯罪地圖

坎特與他的小組在進行分析時，決定畫出每年強姦及謀殺現場的地圖。這些地圖被繪製在不同的繪圖紙上。

當坎特看著最早發生於1982年的三起案件的地圖時，他微笑著說：「他就住在那裡，不是嗎？」三起事件的發生地都非常接近，都在倫敦北部的其爾波昂區。就如同美國聯邦調查局剖繪專家所主張的，大部分連續殺人犯及連續強姦犯，開始犯罪時的地點都很接近他們住的地方，之後隨著他們的經驗累積和自信增加，才更進一步擴大犯罪領域。早期的犯罪地圖清楚說明了這個推論。

當小組研究進行幾週後,第三件謀殺案發生了,而且擁有前兩起謀殺案的所有特徵。一名三十歲的祕書在下班搭火車返回倫敦北部的家時失蹤,她的屍體在兩個月後發現。屍體被殘忍地肢解,但是調查員仍舊可以看到被害者的手指以特殊的方法纏繞,而且有試圖燃燒屍體的跡象。現在找到凶手已是燃眉之急,以免他繼續殺人。

# 犯罪繪圖

1986年7月,坎特在調查小組的壓力下,提出了一個初步的剖繪。他宣稱,凶手住在其爾波昂區,或在附近;至少從1983年起開始與妻子或女朋友同住,但是沒有子女。他的工作屬於半技術或技術性質的,因為週末必須上班或是臨時雇員的緣故,所以與一般大眾接觸的機會並不多。他相當了解倫敦地區的鐵路系統。儘管他經常獨來獨往,和女性也沒什麼接觸,但他有一到兩個非常要好的男性朋友。

> 警方曾經搜集了一份兩千名嫌疑犯的名單;達非的名字也出現在其中,因為他曾於1985年被捕。

根據被害者最一致的描述,以及一些鑑識證據的發現,坎特推論嫌犯大約二十八、九歲,身高低於平均,髮色淡。慣用右手,血型為A型。

最後,坎特推論,嫌犯曾經在1982年10月24日至1984年1月中被逮捕(1983年時只有一次攻擊事件發生),被逮捕的原因可能不是性侵害,而是人身攻擊,而且可能是受酒精和藥物的影響。

四個月後,坎特接到一通負責調查本案的高層警官的來電,他說:「我不知道你是怎麼辦到的……但是你給我們的剖繪非常正確……」約翰‧法蘭西斯‧達非(John Francis Duffy)被逮捕,並被指控涉案。警方搜集一份將近兩千人的嫌疑犯名單;達非的名字亦出現在其中,他曾經因為攻擊已與他分居的妻子而被捕入獄,直到1985年7月才被釋放;但是他是嫌犯名單上第一千五百〇五名嫌犯。他符合該年9月一件強姦案的凶手特徵,但是他的被害者沒有在警局安排的嫌疑犯指認行列中認出他。

約翰‧法蘭西斯‧達非，「火車強姦犯」。有殺害三名年輕女子的嫌疑，其中兩起及四起強姦案被判有罪，他的共犯大衛‧莫卡席後來承認曾在過去十二年內攻擊超過二十二名女子。

## 剖繪及嫌犯

嫌犯住在倫敦西北部。
達非住在倫敦西北部的其爾波昂區。

嫌犯已經結婚,但是沒有子女。
達非已經結婚但是沒有小孩。

嫌犯喜歡孤獨,但有一或兩個男性摯友。
達非有兩個男性摯友。

嫌犯身高不高。
達非只有五呎四吋。

嫌犯頭髮色淡。
達非的髮色是草莓金色。

嫌犯大約二十七、八、九歲。
達非被逮捕時二十八歲。

嫌犯的工作屬於半技術或技術性的,而且熟悉鐵路系統。
達非為英國鐵路的木工。

嫌犯曾經因人身攻擊被捕。
達非曾經攻擊已經與他分居的妻子。

　　1986年5月,達非再度於一個偏僻的火車站附近被警方逮捕。他被發現持有一把刀及一捲衛生紙,但是這些證據並不足以起訴他。坎特的剖繪出爐後,達非竄升成為嫌疑犯名單中最有嫌疑的人。在達非的審判中,他被裁定四項強姦罪與兩項謀殺罪名成立(檢方認為第三件謀殺案的證據不足),並判處三十年有期徒刑。

　　鑑識證據終於解決確認嫌犯身分的問題。在達非母親的房舍中,警方發現一團稀有的麻線,那就是他用來綑綁被害者的麻線(同時也暴露達非喜愛綑綁他的妻子以獲得性高潮)。此外,一名謀殺案被害者身上的「外

來」纖維，正好與達非的毛衣吻合。

坎特對達非案的貢獻引起媒體大量的報導，並因此使他加入後續更多案件，其中一件就是1988年發生在伯明罕市的連續性侵害案。

## 伯明罕強姦犯

1986年1月至1988年3月，於伯明罕市內兩區，七名住在高層公寓的女性遭到攻擊。這些女性都七、八十歲，當她們走進電梯時，被一名年輕、強壯的黑人男子跟蹤。他帶著她們到頂樓，有時走最後兩層時會拖著她們，並在頂樓性侵害她們。儘管他身體非常強壯，但是他表現得非常彬彬有禮。在幾件案子中，被害者抱怨她們赤身裸體躺在地上太冷了，他就將衣物放在她們身下。這名男子的行為和挑選的被害者令警方感到困惑，受創被害者的描述更是令人難以理解，讓警方更加頭痛。

坎特想不通，嫌犯為何只選擇這些地點及某類型被害者。這名男子被定罪後，坎特搭乘直昇機飛越這些位於城市邊緣的高層公寓，他才明白這在地景上的特殊意義。每棟高樓都被擁擠的道

大衛．坎特教授第一次以心理分析方法解析約翰．達非案。他的嫌犯剖繪協助警方在眾多嫌疑犯中找出達非。坎特在他出版的《罪犯陰影》中，特別描述他稱為「調查心理學」的方法。

伯明罕市西米德蘭的摩天公寓大樓；坎特博士曾經巧妙地將之描述為「天空的街道」。像是城市中的大道，人們忙碌地來來去去，提供潛行的強姦犯極佳的藏匿性。

路系統環繞、隔離，每一個都像是與世隔絕的島嶼。研究詳細的地圖後，坎特立刻推論，嫌犯就住在犯罪地點附近，很有可能是類似的高樓，而且知道如何從一個「島嶼」移動到另一個「島嶼」。這些公寓（如同坎特所描述的「天空的街道」）有這麼多居民，每天人來人往，大部分人都是不知名的或未曾見過的，但是並不會引起注目。

除了這些重要的考量外，坎特已經判斷這是哪一類型的罪犯。「嫌犯是否習慣進入其他人的私有領地，像是一個有經驗的破門竊盜者？或者他是一個衝動的攻擊者，像有些人在公共場所隨機挑選被害者？……偷竊和破門竊盜顯然不是他的行動之一。這個男子比較像是那些我們認為會在外攻擊、隨機尋找被害者的人。天空的街道正是最好的地方。」

這名男子並沒有嘗試偽裝自己，表示他不太可能住在發生這些攻擊的

公寓。但是，顯然他很熟悉電梯、走廊，以及這些大樓的公共大門。

在一份提交給警方的報告中，坎特和他的研究小組寫下了這些資訊的細節，並提供嫌犯個性的評估。他們推論，嫌犯在性方面尚未成熟，不太可能曾經與他年齡相仿的女性發生過關係。他很有可能曾經在「非暴力的情境下」應付過老人。他的乾淨、髮型及對於環境地點不變的選擇，表示他的個性執著。攻擊時間以及衣著樣式的改變暗示，大約於1986年10月開始，他已經從學生身分轉變為工作者身分。最後，他們列出嫌犯最有可能的居住地。

這些建議被發送給米德蘭區所有警察。當這份報告送達時，當天在伯明罕市值班的資深警察納悶嫌犯過去是否曾經因為性侵犯微罪被判刑。他依字母順序尋找報案紀錄，很快就發現一名叫作亞德里恩‧百柏（Adrian Babb）的男子曾經在伯明罕市中央圖書館因企圖將手放進一名六十歲婦女的大腿中而被判刑。百柏居住的地方與坎特描述的位置差不多，而在最近一次攻擊的犯罪現場找到的指紋，正好與百柏的相符。


# 因為她們的年紀

亞德里恩‧百柏被逮捕後，完全配合警方的訊問，訊問人員利用剖繪報告檢驗百柏說法在邏輯及心理學上的有效性。他說他之所以會犯下這些攻擊案，是因為和一名女孩及已婚婦人發生關係失敗；但是這兩名女子在接受訊問時都否認曾經與百柏發生任何親密關係。當他被問到為何挑選年老婦女時，他回答：「她們的年紀。」不過他同時也暗示這是一種報復行為，「對圖書館裡的那個人所做的事，可能是某種報復行為，我不知道。」

百柏是家中最小的孩子，與四個姊姊關係友好，不過經常偷她們的內衣。警方在他家中發現他的收藏，並整整齊齊地標上擁有者的名字。他的工作是救生員，這可以解釋他的乾淨及犯案時間；而他回憶起游泳池中認

識的朋友，大多數是九歲或十歲的小女孩，顯示他在性方面的不成熟。在法庭上進行辯論後，百柏被判精神異常，並判處十六年徒刑。警方告訴坎特：「你的報告實在太準確了，我們認為你其實已經知道凶嫌的姓名和地址，只是不告訴我們罷了。」

## 校園攻擊案

百柏案後，伯明罕市又發生一起連續強姦案。這十名被害者都是伯明罕大學的女學生，每名被害者都是在睡覺時被潛進她們宿舍的嫌犯攻擊。警方相信有一名男子必須為本案負責。

當時，坎特及他的研究小組已經完成六十件已偵破強姦案的分析報告，他們發現可以將嫌犯的行動分成十個個別的行為成分，像是嫌犯控制被害者的方式、他的談吐以及性行為。他們接著使用電腦軟體繪製方形圖，每一個犯罪以方形圖中一個點為代表，以繪製行為：個別的點越接近，表示行為模式越接近。

第一個電腦軟體繪製的電腦「繪圖」引起極大關切。不論其分析結果是如何執行，有三件落在方形圖的左邊，而其他七件則落在右邊。三項落在左邊的案件與暴力恐嚇有關，至於其他案件，嫌犯則向被害人擔保她們不會受到傷害。嫌犯的行為要不是曾有重大變化，或是改變了犯罪風格，不然就是有其他人涉案。

人體口腔內部的上皮細胞時常分離，而且非常容易透過它們取得DNA分析樣本。可以使用像是照片上簡單的拭子取得細胞。DNA的測試讓警方證實伯明罕大學校園強姦案的凶手其實是兩個不同的人。

坎特和他的同事已經建立一套電腦軟體，繪製強姦犯行為特徵的二維「圖」。他們利用這個圖形確認罪犯以何種方式看待自己。

## 軟弱的及強壯的男子

1989年4月，就在警方向坎特及其小組提出諮詢後兩個星期，因為擔心強姦案很快將轉變為謀殺案，所以坎特的小組立刻將他們的第一份報告送給警察。他們推論，這些攻擊都是經過計畫的，而且嫌犯有潛入他人家中的經驗。之前一些破門竊盜案可能也是出自同一人所為。他們的報告指出，這名男子有犯罪歷史，並因此知道警方的辦案流程。每次都在深夜發動攻擊表示嫌犯正從夜班回家，或者正要上早班。或許是懷疑他們軟體有效性的緣故，調查小組當時並沒有提到可能有兩名不同的嫌犯。

不過，當警方取得三個犯罪現場的DNA，並於5月底獲得分析結果時，他們不禁感到惱怒：第十號強姦案與第四號及第九號強姦案的DNA不符——顯然有兩名強姦犯。坎特的小組懷疑有兩名強姦犯的想法得到證實，他們回到原本的嫌犯分析，將嫌犯暱稱為「軟弱」及「強壯」的男子。

### 行為模式

如同坎特博士在《罪犯陰影》一書中所寫的：「在這裡，行為科學與福爾摩斯之間的區別遠比其他地方大得多。行為剖繪的比較，是一個模式的比較，並不是在於連結線索與推論。『嫌犯剖繪』這個用語的確適當地將注意力引導到一個剖繪是需要由各要點組成的結構上。任何單一要點或線索，不論它們有多戲劇性，都稱不上剖繪。」

　　他們推論，「軟弱的男子」並不是有經驗的破門竊盜犯。事實上，他很有可能根本沒有犯罪歷史。他只是個寂寞的男子，與女性沒有正常的接觸。他比另一名強姦犯年長，而且可能在路上漫步，從窗戶偷看屋內。他犯案的地點顯示，他住在伯明罕市的東南部。相反地，「強壯的男子」有許多特徵顯示他是有經驗的罪犯，而且習慣使盡一切力量控制女人。他可能住在伯明罕市的西北部。警方搜集了嫌疑犯的名單，最後DNA的分析確認了兩人的身分。

　　「軟弱的男子」是個大學中輟生，二十七歲「膽小怕事的男子」，之前曾經因四處徘徊和偷窺而被偵訊過。「強壯的男子」二十三歲，已經有許多犯罪紀錄，而且被懷疑涉嫌毒品交易和拉皮條。警方拍攝照片時，「軟弱的男子」顯得一臉茫然，戴著眼鏡；至於「強壯的男子」則有自信地凝視鏡頭。

## 繪製強姦犯的心理

　　坎特和他的同僚很快就明白，警察提供給他們的這幾起案件都並非典型案件：這些案件是警方發現難以用慣用程序解決的案件，而且許多重要的細節要等到嫌犯被逮捕後才浮現；因此他們持續分析那些已經偵破的案件。他們從強姦案開始著手，進而研究謀殺案、幼童性侵害案、詐欺及勒索。

　　有關強姦案的行為分析產生了非常珍貴的電腦繪圖。「圖表」的中央是一般強姦犯特有的行為：突然襲擊、脫掉衣物以及身體行動。環繞著這個領域的三個部分，顯示強姦犯如何看待他的被害者。如果強姦犯將被害者視為一個「目標」，那麼他就會有所準備，可能是偽裝自己、攜帶「強姦工具箱」或使用武器以獲得掌控權。如果他將被害者視為一個「媒介」，他可能會相當具有侵犯性，侮辱或貶損被害者，強迫他們進行各種被害者必須參與的性行為。

## 繪製行為「圖」

　　為了繪製行為圖，必須將每一起案件一一輸入電腦。每一行為類型輸入一欄。每一起案件，若行為沒有發生將被輸入欄一；行為若有發生則輸入欄二。產生的圖表稱為「資料母體」。在每一行中，若欄一和欄二的模式很類似，那麼這兩起案件就很有可能有關連。

　　坎特使用的軟體顯示每一行號碼（即每個犯罪）相對座落於方形圖上的一點。電腦將這些點連起來，然後盡可能地試圖聯繫彼此。兩個犯罪行為越類似，反應這些犯罪的點就會越接近。

　　方形圖上的各點將出現一組群帶。雖然這不會確實顯露案件間到底有何不同，但是它提供一個全面比較的圖示。

　　如果強姦犯將被害者當作一個「人」看待，他就會試圖建立非常社會化的性行為，或許從一段對話開始，甚至讚美她的外表、詢問她的生活及興趣。

　　坎特相信，這三個分類反映了犯法者看待他們自己的不同方式。第一種是有組織的罪犯，將盡全力控制，以得到他所想要的東西。第二種人非常暴力、具侵犯性，將他的憤怒全都發洩在被害者身上。第三種人基本上很沒安全感，之所以會強姦，是希望藉此建立某種情感上的關係。

　　坎特繼續進行他稱為「調查心理學」的工作，而警方時常尋求他的協助。

# 不同的方法

　　當坎特首度建立以電腦為基礎，分析連續罪犯的行為方法的同時，另一位英國心理學家則發明了另一種不同的分析方法，以解決類似問題；他

的分析非常仰賴直覺。他就是保羅・布理頓（Paul Britton），一名英國列斯特郡的臨床心理學家，他的第一本書《人性拼圖》（*The Jigsaw Man*）出版於1997年。就像坎特一樣，他是偶然加入警方的謀殺調查，當時警方向他諮詢一名沉迷於警察的年輕女子的案件。

　　1984年，因為這件案子的緣故，警方邀請他對發生於去年7月，地方運河道的一起三十三歲婦女謀殺案提供意見。負責調查本案的警察問他：「如果我向你展示犯罪現場……你是不是有可能告訴我誰應該為本案負責？」儘管布理頓有所遲疑，他還是同意嘗試。

　　照片顯示，被害者的手腳曾經被麻繩綑綁，而且她的脖子被刺了五刀，胸部被刺了兩刀。沒有強盜和性侵犯的跡象。屍體附近發現一張紙，紙上畫了一個圓，圓內畫了一個五角星——經常與妖術儀式有關的標誌。警方已經訪談超過一萬五千人，八十人因有嫌疑而被逮捕，但後來都被釋放。

　　布理頓詳細思考本案三天後，提出他的結論。他推論，五角星並不表示這是場儀式性的殺人行動，而是謀殺犯想要合理化其異常性衝動的方法。胡亂刺傷暗示這名年輕男子只有十幾歲，或二十歲出頭。他可能很孤獨，如果他曾經有過女朋友，在性方面也是不成熟的。他可能住

保羅・布理頓，英國臨床心理學家，他的方法大部分仰賴直覺。布理頓在提供警方各種案件的意見時獲得很大的成功，包括殺人魔夫婦佛列德及羅斯瑪利・維司特，這對來自格洛斯特的夫婦曾經謀害至少九名年輕人，包括他們自己的女兒。

在犯罪現場附近，與父母同住，而且看過被害者。

殺手很有可能是體力勞動者，精於使用尖銳的刀子。他可以輕鬆征服被害者，從背部刺傷她，表示他體格強壯。布理頓寫道：「他的暴力性幻想，是因對色情雜誌的興趣而起……有關暴力和撒旦的主題。當你們發現他時……我預期你們一定可以找到許多相關證據，以及他對刀械的強烈興趣。」

## 「五角星殺手」再度發動攻擊

十四個月後，一件類似的謀殺案又發生了。一名二十一歲的護士在人行道上被殺害，雖然她沒有被綑綁，但是被刺傷的模式是相同的。布理頓被警察總部傳喚，同意殺手為同一人。他說，但這次是臨時起意，嫌犯不太可能認識這名被害者。有關她的一些事情引起嫌犯的注意，激起他的性衝動。事發當時，目擊者看到一名男子出現在附近。符合描繪的嫌疑犯之一是十九歲的肉類加工者保羅‧波斯塔克（Paul Bostock），他同時也符合布理頓的評估。警方搜索他與父母同住的房舍，在他的臥室發現刀械收藏品、武器、色情雜誌，以及女子被拷打的素描。不過在偵訊時他什麼也沒說。布理頓建議警方在問訊時要非常謹慎，經常離開謀殺的焦點，但是

當保羅‧波斯塔克殺害他第二個被害者時，刀傷的模式與第一位被害者相同，但是攻擊似乎是出自無意識的。布理頓認為有關這名女子的一些事物吸引了凶嫌。當波斯塔克被逮捕後，他承認自己攻擊那名女子是因為「她穿了雙紅鞋」。

又同時讓波斯塔克知道，他們了解性變態的問題。最後，波斯塔克全部招供。為什麼挑選那名護士？「因為她穿了雙紅鞋。」他說。

## 案例研究：寵物及嬰兒食品下毒犯

1988年，布理頓受邀處理一起非常不一樣的犯罪：黑函。一家生產寵物食品的公司收到一罐他們生產的狗罐頭，以及一封打字機打的信函。狗罐頭已經被下毒了（如同信件上所說的）：「這些化學物質……無色、無味而且毒性非常強。」發黑函的人威脅要將類似的罐頭散布至英國各地；並要求五十萬英鎊（大約八十萬美金）分期匯入幾個不同的戶頭。

警方邀請布理頓加入列斯特郡警察小組處理本案。他評估發黑函的人智商普通或比一般人高，但是可能沒有大學文憑。幾乎可以確定他獨自工作，很固執，而且計畫很仔細。這顯示他的年紀不輕，非常成熟，非常有耐心。

海茲嬰兒食品公司在英國蘭開郡維根的工廠。有很長一段時間，這家公司拒絕付款給以下毒勒索他們的人，但是後來布理頓終於說服海茲公司的人付少量款項到指定戶頭中，因此警方終於能夠逮捕這名勒索犯。

羅德尼‧維契羅，勒索者，正離開他位於倫敦東郊的
住家。

　　這名男子顯然知道警方將如何追蹤
他：他似乎知道之前類似案件未公開的細
節。他利用信件安排一切；使用化名，並
從倫敦西部的私人信箱收信。布理頓建議
這家公司開始支付最低限度的金額進其中
一個帳戶。這名男子只能以提款卡提領現
款，警方得以追查他的行蹤。同時，列斯
特郡犯罪調查局徵召全國所有探員，暗中監視上百台提款機。

　　不過，發黑函的人開始每天在相距百里的各城鎮領取金錢，而且通常
在深夜。看著逐次提款地點的地圖，布理頓發現它們全都散布在從倫敦輻
射狀發散出去的高速道路上。看來發黑函的人似乎住在倫敦或倫敦附近。
而且他既然可以每晚自由遷徙如此遙遠的距離，他很有可能已經退休，而
且一人獨居。倫敦附近的提款模式，暗示他家可能就在倫敦東部艾塞克斯
的紅橋區。

　　就像「瘋狂炸彈客」一樣，發黑函的人因寵物食品公司長時間的協商
而生怒。他開始在超級市場的貨架上放置有毒的罐頭，並致電威脅，甚至
要求更多錢。1989年3月，金額已經升高到一百二十五萬英鎊（超過兩百
萬美金）；被查到有毒的罐頭有十四罐。布理頓建議這家公司：「如果你
們不回收所有產品、不公開這個消息，他就會認為他還握有控制權，而且
要求更多錢。」

## 故事被公開

　　一家全國性報社風聞本案，並刊載了相關細節。幾天內，發黑函的

人將注意力轉向海茲嬰兒食品公司，他要求三十萬英鎊（大約五十萬美金），並威脅說他不會再提出任何警告。現在本案成為倫敦警察廳關注的焦點，布理頓也加入他們的會議。結束前，他小心大膽地提出他的看法：「……現在或曾經是名警察……他可能已經退休了，被停職或因病休假；不過他似乎對案情發展仍有掌握，你們必須找的是一個有內部門路的人。」警方對這種說法感到非常震驚。接下來幾個月，警方接獲上百件嬰兒食品被下毒的報案；有些含有苛性鈉，有些則混有刮鬍刀碎片。警方認為有些是其他人模仿的案件，但是無疑地，其中大部分都出自這名勒索犯之手，而且他的勒索金額已經高達一百二十萬英鎊（將近兩百萬美金）。海茲公司將一萬九千英鎊（超過三萬美金）存入兩個被指定的戶頭，這些現金定期被提領。儘管在布理頓提出建議後，警方開始祕密進行內部調查，但是一無所獲。

接著在10月20日晚上，他們的運氣來了。一監視小組看到一名男子戴著一頂安全帽離開他的轎車，走向一部提款機。當他被盤問時，他說：「沒問題，各位，我知道你們在幹嘛，但我是無辜的。」然後就昏倒了。

這名男子是四十三歲的羅德尼‧維契羅（Rodney Whitchelo），曾經擔任警探。

他的錢包裡有許多相關的提款卡，搜索他的屋舍後，警方找到他用來下毒的東西；而且他就住在艾塞克斯的紅橋區。他經常與以前的同事來往，甚至曾順路經過犯罪小組辦公室，看看案件調查的情形如何。至少有一次，他和他的警察朋友一起坐在他們的監視車裡面！

警方對布理頓的評估印象深刻。他自己後來寫道：「我不曾看過他的照片或聽過他的聲音，但是我知道他腦子裡在想些什麼。」

## 案例研究：麥克‧山姆

1991年7月9日，十八歲的珠莉‧達特（Julie Dart）在約克郡的李茲

市失蹤了。兩天後，兩封信分別由一百五十英里外的杭丁頓和劍橋寄來。一封信寄給珠莉的男友，而且顯然是她自己的筆跡。信上說，她被綁架了，要他立刻報警。另一封信的地址則寫著「李茲市警局」（這個部門已經不存在，被西約克郡警局吸收），是用打字機打的。信上說，一名李茲市紅燈區的妓女被綁架了，並勒索兩筆款項，十四萬英鎊（大約二十三萬美金）及五千英鎊（大約八千美金），分別存入兩個銀行戶頭。如果沒有實現信上的要求，這名女孩就會被殺害，綁匪還會在英國的大城市放置一枚燃燒彈。

　　這些細節很明確，是現代典型的贖金要求。一名女警必須在伯明罕市新街火車站指定的電話亭等待嫌犯來電，他將提供更進一步的資訊，告訴他們如何付款。7月16日，一名女警被派往指定的電話亭等待。

　　電話響了，但是另一端卻沒有人回應。四天後，珠莉的屍體在林肯郡被發現。據估計，她死亡的時間已經超過十天以上，甚至在信件寄出前就已經遭到謀害。

　　珠莉並沒有被性侵害的跡象：她的頭被鈍物重擊兩下後失去意識，然後被綑綁。三天後，警方又收到另一封信。寄信人對珠莉之死表示遺憾，（虛假地）暗示這都是因為上次通話失敗的緣故，他重複威脅，並指示他將再次以電話聯絡。高級警探鮑伯·泰勒

保羅·達特手持他姊姊珠莉·達特的遺照。在為珠莉舉行喪禮後，他與母親琳恩正要離開教堂。

（Bob Taylor）決定向布理頓提出諮詢。

> 細節很明確也很典型：一名女警必須在指定的電話亭等待嫌犯來電。

## 遊戲玩家

　　布理頓認為，歹徒的目的並不在於金錢，而是與警方玩遊戲的欲望。「他的信件像是購物清單，特別說明錢應該如何包裹、塑膠袋應該有多厚，以及包裹的體積應該有多大。為什麼要這麼明確？這有什麼大不了的嗎？唯一可能的，就是希望能夠握有掌控權，讓敵人雞飛狗跳……發黑函的人知道他很聰明，現在他希望警方對他表示敬重的態度……信件內容顯示他並沒有失去控制，或生氣，但是很明顯地，他非常樂在其中。他一定花了不少時間計畫這一切；無時無刻都很快樂。」

在一場李茲市高級官員的會議上，布理頓詳細說明他的剖繪。嫌犯現年四十幾歲到五十歲出頭，他的手法非常純熟。他的智商高於一般人，但是沒有受過大學教育。很有可能在離開學校以後還上過其他課程，通曉電機和機械，主要在理論的程度；不過從信件的格式看來，他並不是大型公司的資深員工。

警方發布的通緝犯素描。史蒂芬尼·史萊特可以詳細描述綁架她的人。

他可能結過婚，但是沒有能力長時間維持婚姻關係。「他很可能曾有犯罪歷史，但是僅只於侵犯他人財產罪、詐欺和不實陳述……他顯然知道警方辦案的流程……他製造一條走不通的路，然後躲在煙幕之後享受其中的樂趣。」他推論，這名男子早就計畫要殺害珠莉‧達特，因為他希望警方重視他。

當被問到嫌犯的藏身地時，布理頓指出李茲市、伯明罕市及杭丁頓形成的大三角形內。他說：「他與西米德蘭地理上的關係很深。我認為他就住在這大三角形內的某處。如果你們要我說出精確的位置，我會猜測在珠莉屍體被發現處的右邊。」7月30日，警方收到一封非常奇特的信件，出自李茲市。信中作者討論（「在火車上沉思兩小時後」）十四個他可能瀕臨危險的情節，並詳細地說明「遊戲」勝利或失敗的「機率」。布理頓的評估似乎相當準確。

信件同時也指出，另一名妓女將被綁架。贖金的指示再度於8月6日出現；再次，電話沒有人回應。

8月8日。警方收到另一封打字機打的信件，指示有所改變，而且8月14日負責站在電話亭的女警聽到電話另一端的男子講話。他告訴女警，他在英國東方薩佛克郡易普威治市綁架一個名叫莎拉‧戴維斯（Sarah Davis）的妓女。

## 信封的痕跡

他們立刻聯絡易普威治市警方，但是他們沒有接獲任何妓女失蹤的報案。不過，隔天早晨，他們發現一件奇怪的事，在約克郡一個舊鐵路的橋下（現在已經成為行人散步道），一封棕色信封被繫在一個漆成白色的磚頭上，旁邊是一個漆成銀色的小盒子，盒上有兩個紅燈，一捲金屬線從中突出。

警方擔心這是枚炸彈，所以他們呼叫一個軍隊的炸彈處理小組。盒子

麥克・山姆宣稱他綁架了一名易普威
治市的妓女後，留下一連串信封供贖
金運送者跟隨。第一封信件被發現綁
在一個漆成白色的磚頭上，放在舊鐵
路的橋下。

史蒂芬尼・史萊特是伯明罕市的房地
產仲介員，於1992年1月22日被山姆
綁架。一週後她被釋放，而且毫髮無
傷。

被摧毀，但是信封留了下來，裡面有一封信（第三封信）指示發現這封信的人去附近公路的行人橋；那裡也有一個漆成白色的磚塊，但是沒有任何留言。不過警方推論，這又是引導贖金運送者從一個地點到另一個地點的連鎖行動。

這是綁架者典型的贖金要求，因為他們希望確定運送者是獨自前往；他會從遠方觀察。警方照原路折返，發現另一張紙條，上頭寫著相關細節。

贖金紙條被發現後六天，一封於8月19日從葛蘭得安寄出的信件抵達林肯郡。重要的是，這封信是這麼開始：「遊戲終止。先把檔案歸檔吧，直到我再次犯案……如同你們已經知道的，我並沒有綁架易普威治市的任何人。」兩個月內什麼事都沒有發生，直到這個人決定再展開另一場遊戲。在一封寄給英國鐵路局的信中，他要求二十萬英鎊（約三十三萬美金），並要脅將使火車出軌。再次，電話聯繫失敗了。

1992年1月22日，有人通知鮑伯・泰勒，伯明罕市一名叫史蒂芬尼・史萊特（Stephanie Slater）的房

因謀殺和綁架被定罪入獄的麥克‧山姆。此處他沒有戴眼鏡，再度因攻擊一位
監獄警官而上法院。

地產仲介員在帶顧客看房時被綁架。隔天，房地產仲介公司收到一封信
（與其他信件的形式相符），要求辦公室經理凱文‧瓦特斯（Kevin Watts）
遞送贖款十七萬五千英鎊（將近三十萬美金）。因為綁架事件發生在伯明
罕市，所以必須由西米德蘭的警察負責；西約克郡的警方只能在一旁觀望。

1月29日傍晚，凱文‧瓦特斯出發，一路跟隨留言給他的指示，在潘
尼斯來來回回移動。他的車上裝有無線電，以告知警方他的位置，並帶著
用帆布袋裝的十七萬五千英鎊。

不幸地，濃霧出現，耽擱了行動，警方攔捕綁匪的希望也落空。最
後，在一條狹小路徑的盡頭，瓦特斯在置於一座橫跨廢棄鐵軌橋下的欄杆
上的木製托盤留下贖款；這裡離先前的信封和磚塊的發現地點只有三英里

## 鐵路的關連

泰勒和布理頓都注意到鐵軌上的陸橋，與山姆打電話、安排拿贖款的地方有關連。他顯然非常了解鐵路系統，而他曾經提出使鐵路出軌的威脅，顯示他對鐵路技術所知甚深。史蒂芬尼·史萊特說，他的連帽粗呢大衣上有一枚鐵路勳章，而他前妻則說他是個鐵路迷。在山姆家中，牆上有一個極大的鐵路標誌。

泰勒推測，山姆對鐵路的興趣可能可以提供一些線索。他發現一名目擊者曾經於2月19日看到一名男子在珠莉屍體被棄處六百碼遠的地方，和被告長得很像，而山姆承認曾經造訪過附近的「威斯比高架橋」。

「威斯比高架橋」就是眾所周知的「旺火頂峰高架橋」，在英國鐵路史上相當出名。1938年，蒸汽火車頭綠頭鴨在這裡的速度攀升到每小時一百二十六英里。

遠。警方後來才知道，綁匪就躲在橋下，然後用繩子將贖款拖下去。

# 史蒂芬尼平安無事

四小時後，史蒂芬尼毫髮無傷地從一輛停在她雙親家附近的車中蹣跚走出。她在被蒙上眼睛前已經看到綁匪，她不僅可以描述綁匪的長相，甚至包括他說話的方式。在被俘期間，她曾經在車裡被運送很長一段時間，並被關在像棺材一樣的箱子中七天。

警方已經錄下嫌犯的聲音，2月20日，他們在電視節目《英國犯罪觀察》（Crimewatch UK）上播放這捲錄音帶，以及公布依據史蒂芬尼描述而畫下的嫌犯肖像。不久，一名女子來電說，這聲音和肖像就是她前夫麥克·山姆，他在諾丁罕郡的紐華克有一家修理廠，與珠莉·達特的棄屍地點相距大約三十英里；就在布理頓所說的三角形的右邊角落。

隔天，警察小組前往紐華克。山姆在他的工廠裡和他們說道：「我早

就知道你們會來了。」警察在他的工廠及距離工廠幾英里外的家中找到許多與犯罪有關的證據。他被逮捕後自認綁架史蒂芬尼·史萊特，但是否認謀殺珠莉·達特。

出生於約克郡的麥克·山姆現年五十一歲。他在哈爾海專受教育，並在商船隊服務三年，之後又受裝置電梯及中央暖氣系統的訓練。他的三段婚姻全都和他許多商業投資一樣失敗了。1978年，他因為偷竊及噴塗汽車而被捕入獄。在獄中，他的膝蓋罹患癌症，右小腿因而截肢。如同其他許多案件，布理頓的剖繪並沒有確認山姆的身分，但是他的確可以為正確性感到驕傲。

同時如同布理頓所推測的，山姆在接受訊問時非常喜歡說謊。他說，殺害珠莉的「另一名男子」必定用了他的文字處理機。山姆不時改變他對

1993年，兩個男孩綁架、謀殺兩歲大的詹姆斯·伯爾格，震驚了全世界。一台保全錄影機捕捉到這名還在學步階段的小孩被牽著穿越購物中心的景象。布理頓告訴警方，這起謀殺案不是場失去控制的遊戲，而是經過計畫的綁架行動。

1992年，瑞秋・妮可帶著兒子和小狗在倫敦西南方的溫布頓公園裡散步時被殘忍地謀殺。她的屍體很快就被發現，而一旁年幼的兒子則激動地想喚醒她。

鑑識證物的解釋。他不時聲稱不會再回答任何更進一步的問題，但是不久後，他愛玩遊戲的欲望又驅使他滔滔不絕地說下去。儘管警方在山姆的工廠發現一萬九千英鎊（超過三萬一千美金），以及他不慎掉在鐵軌上的五千英鎊（八千美金），但是山姆拒絕承認他擁有其餘款項，或是說明他將之藏在何處。

泰勒請求一名特種空軍部（SAS）的上校協助，他曾有尋找愛爾蘭共和軍藏匿處的經驗。他同時也租借地面雷達偵測器材。12月的第一週，山姆被逮捕後超過九個月，警方在「旺火頂峰高架橋」兩處路堤挖掘出其餘十二萬英鎊（將近二十萬英鎊）。山姆被裁定謀殺珠莉・達特有罪，後來他在獄中承認了所有罪行。

截至目前為止，警方仍一直諮詢布理頓與強姦案和謀殺案相關的案件。這些案件包括1993年利物浦一名兩歲半小孩被兩個男孩綁架、殺害的案件，以及佛列德及羅斯瑪利・維司特案。1994年，維司特夫婦因連續謀殺年輕女孩，包括自己的女兒而被捕。不過，一件稍早的案件卻引起其他人對布理頓尖銳的批評；就是瑞秋・妮可（Rachel Nickell）謀殺案的調查。

# 案例研究：溫布頓公園謀殺案

　　1992年7月一天的清晨，二十三歲的瑞秋・妮可帶著她的兒子和小狗在倫敦西南方的溫布頓公園散步。不久，她的屍體就在小路旁被發現。她的身體幾乎快被切斷，被刺了四十九刀，而她全身覆滿泥土的幼子拚命地想要叫醒他的媽媽。警方沒有什麼線索，沒有像是血跡、精液、唾液或頭髮等鑑識證據。他們只發現泥巴中有一枚身分不明的腳印，而凶器可能是把單邊黃銅色柄的鞘刀。唯一的線索來自一名剛好路過此地的人，他看到一個年輕男子在附近的溪流中洗手。

　　倫敦的警察邀請布理頓協助他們。布理頓要求一切與被害者有關的資訊。他想要知道，是不是因為她的外表或個性導致她有「非常高的危險」。最後他得到的資訊讓他推論，雖然她非常吸引人，但是她並不會挑逗別人，而且大概沒有意識到她對其他人視覺上的影響。基於布理頓豐富的經驗，他開始描繪殺手的形象及其性幻想。

## 「基督徒滾開」

　　謀殺案發生後兩個星期，電視節目《英國犯罪觀察》播出這起犯罪，以及警察希望訪談的兩名男子的照片。四小時內，警察接到超過三百通電話。一個男子的名字出現四次：科林・史塔

警察檔案中科林・史塔吉的照片，在被電視節目《英國犯罪觀察》的call-in觀眾指稱後，成為瑞秋・妮可謀殺案的嫌疑犯。

1994年9月14日，科林·史塔吉離開法院，重回自由之身。檢方試圖以謀殺瑞秋·妮可起訴他，但失敗。

吉（Colin Stagg），二十九歲，無業，單身，獨自住在距離溫布頓公園一英里外。

史塔吉已經被警方詢問過，且馬上因為涉嫌該案而被捕。他公寓門口漆著一雙淡藍色眼睛，並寫著：「基督徒滾開，異教徒住在這裡。」在他的屋內，警方發現各式各樣色情雜誌，以及有關超自然的書籍。調查員也發現，謀殺案發生後幾天，他曾經因為在溫布頓公園裸露身體而被捕，並遭罰款。

在訪談中，史塔吉一直否認犯罪，儘管他承認自己可能看過被害者，而且顯得非常熟悉溫布頓公園。在聽了史塔吉的訪談錄音帶後，布理頓認為，雖然沒有明顯的證據證明史塔吉有罪，但是也沒有明顯的證據顯示他無罪。三天後，史塔吉被釋放。

不久，警方接獲一封信件，那是史塔吉兩年前寫給雜誌上「寂寞芳心」廣告的回覆，裡面詳細地寫道他手淫的幻想。警方再度接洽布理頓，並詢問他是否能夠建議一個祕密手法，更進一步確定「這個被懷疑的人」，或協助排除他的嫌疑。

布理頓建議，臥底警察應該以信件和「這個人」聯繫，在信件往來

中，引出他最深沉的性幻想，然後，或許需要安排他與通信者會面。倫敦警察隊的臥底小組成員「SO10」負責臥底。她是個金髮女郎，有一雙藍眼睛，三十歲，假名是「麗西·詹姆斯」（Lizzie James）。布理頓杜撰了有關她的早年經歷：年幼時在祕密團體中被強姦，參與儀式性地謀殺一位女性，而且相信只有與和她有類似經驗的男子發生性行為才有辦法達到高潮。這位臥底警察必須隨著信件往來逐步揭露這些資訊。布理頓警告警方，至少必須花三個月的時間透過交換幻想建立這個「刺激」，然後再用兩個月的時間讓其發展。

## 當麗西遇上科林

皇家檢察局的執法官在考慮了幾個月之後，准許他們執行這項臥底

## 布理頓的分析

「在檢驗這些資訊後，我認為嫌犯因性變態而性格異常；這在一般正常人中是相當罕見的，而且算是性變態男子中子團體的代表。我同時也預期嫌犯的幻想至少包括以下幾項元素：

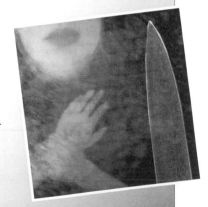

一、成年女性。
二、這名女性被當作性玩物，以滿足嫌犯。
三、不會建立親密關係。
四、會實行性虐待；與刀械、身體控制或言語攻擊有關。
五、女性參與者必須屈從。
六、與肛門及陰道攻擊有關。
七、與女性參與者表現出恐懼有關。
八、性發狂將使嫌犯在殺害女性參與者時達到性高潮。

計畫。不過，史塔吉寫給「麗西」的第二封信件已經有了性幻想。他的第四封信件特別引起警方的興趣，因為其中很多內容都反映了瑞秋‧妮可被殺害的細節。更多信件繼續往來，直到史塔吉寫道：「我要確認當我虐待妳時，妳痛苦地吼叫。我要毀滅妳的自尊……」1993年，兩人第一次在電話上交談。史塔吉拐彎抹角地提到他持續被懷疑涉嫌某件謀殺案，但是他宣稱：「我想要告訴妳，就像我告訴其他人的一樣……我根本什麼也沒做……」

第二次通話時，「麗西」不明智地說道：「科林，坦白說，我不在乎你是不是殺了她。」而史塔吉再度重申他是無辜的，兩人同意在他三十歲生日時一同野餐。他們的對話被祕密錄音，但是沒有什麼決定性的內容，不過，史塔吉留給「麗西」的信件以及後續往來的通信及會面，顯示他流露

2002年，瑞秋‧妮可被謀殺後十年，科林‧史塔吉寫了一本書《誰真的殺了瑞秋？》，他在書中聲稱他知道誰是真正的凶手。

出更多幻想，包括刀械的使用。7月底，他告訴「麗西」，他曾經目擊瑞秋·妮可的謀殺案，他所提供的細節讓警方確信逮捕和指控他的時候到了。

　　1994年9月5日，史塔吉的審判在「中央犯罪法庭」，所謂的「老城牆」開庭。隔週末，法官裁定，「麗西」與史塔吉之間往來的信件及錄音不具有證據資格。他說：「我恐怕得說，這種背叛行為不僅太超過，而且實質上企圖透過積極、誘惑的行動，牽連嫌犯入罪……我必須補充說明，即使我被說服而相信這些資訊足以成為嫌犯的自認，但我還是堅決地認為這證據本質上太過薄弱，其結論顯然存有偏見，而不具有任何證據價值。」檢方撤回告訴，科林·史塔吉走出法院，重返自由之身，瑞秋·妮可謀殺案至今未偵破。

　　起訴科林·史塔吉的案件失敗，以及法官強而有力地批評積極誘捕嫌犯的作法，讓布理頓陷於窘境；這導致布理頓於2001年被「英國心理學學會」的懲戒公聽會傳喚。

## 警察的批准

　　大衛·坎特與保羅·布理頓早期在他們各自方法上的成功，導致英國警方對嫌犯剖繪的發展大感興趣，最後，隸屬於「警長協會」的小組委員會終於建立，負責深入研究這項技術。後來成為德貝市警長助理的唐·達維史東（Don Dovaston）建議：「有些案件不如『達非案』般飛黃騰達。我們花了上百萬元給那些提供警方意見，自以為他們在幫助警方的人，事實上卻一點助益也沒有。心理學家說，嫌犯是六呎四吋心理異常的黑人，剛抵達英國；結果刑事被告是個五呎八吋的白人，非常穩重，而且一生都住在這裡。我們開始檢驗這些人的資格，發現他們有許多都沒有必要的專門技術。結論是，建立一套經鑑定合格的剖繪專家名單的時候到了。」

英國布蘭市的警察學院新成立的「全國犯罪學院」所在地,掌控了心理學顧問小組的任命權。

　　一個由二十名檢驗合格的心理學顧問組成的專門小組被任命,其中大多是心理學家和精神病學家,有處理極端犯罪行為的經驗。1995年,它隸屬於「全國犯罪學院」,布蘭市警察學院新成立的專門技術資源中心。1990至2000年之間,警方逐漸開始用這個小組處理英國各地難以偵破的暴力犯罪。不過,不只一位調查員曾指出,他們只是「工具箱裡的一個工具而已」。

　　他們的功能只是讓警方再度確認其訊問的方向,而不是積極地引導警方確認嫌犯的身分。在大多數案件中,鑑識證據和成功的跟監,才是導致最後成功逮捕嫌犯的原因。

　　一個突出的例子是一名男子寄了許多信件給英國南部凱特維其機場基地的空姐,要求她們拍攝身著制服的色情照片,並威脅如果不聽從的話,將被毀容。

一名心理學家認為，這名男子是機場裡的低階層工人；可能是清潔工或貨車司機，未婚，沒有吸引力的孤獨者。當嫌犯因為監視行動而被逮捕時，結果是一位英國航空公司四十歲的資深工程師，長得很好看，結過婚，現在則和女友同居。不過，心理學家的介入有一個積極面。警方給予的細節讓他想起之前一件類似事件，不過發生在不同警察轄區。這個連結日後證明對犯罪調查的進展至為重要，不過令人驚訝的是，這只是運氣好而已，且強調了建立全國犯罪資料庫的重要性。

## 引進全國電腦化

「約克郡開膛手」案（參閱第三章）的調查持續超過五年，結果警方搜集的大量資訊──手寫、打字的檔案卡、紙張，都被收進箱子裡，實質上難以使用。1982年，英國警方開始深入研究現存資料搜集系統失敗的原因之後，他們於1987年首度建立第一部中央犯罪電腦。原本被稱為「內政部大型調查系統」（Home Office Major Enquiry System, HOMES），不過後來有一個有幽默感的人加入「Large」這個字，使縮寫成為「HOLMES」[1]。

---

1　譯註：即「福爾摩斯」之英文原名。

---

很少有剖繪專家公開承認他們的失誤，但是英國心理學家朱立安‧伯恩博士承認一個重大的失敗。他關於寫信威脅凱特維其機場空姐嫌犯的剖繪完全不正確，而嫌犯身分最後終於被確認。

「內政部大型調查系統」徹底改革了英國的偵查系統。英格蘭、威爾斯、蘇格蘭和北愛爾蘭四十三個分離的警察單位第一次能夠以國家級的層面建立彼此的聯繫。這個系統可以檢驗不同轄區的重犯罪是否為連續犯罪。不僅創立資深調查員的訓練計畫，也建立鑑識專家支援小組。

當警方在格洛斯特市，佛列德及羅斯瑪利·維司特的花園裡發現三具屍體時，布理頓說：「他們之所以會用花園埋藏屍體，是因為他們的屋子裡已經塞滿屍體了。」

當電腦系統開始處理連續謀殺案、重大案件及嚴重詐欺案後，幾個原始軟體的缺點越顯明顯。因此，從1999年開始，一個更新的系統──「內政部大型調查系統 II」（HOLMES 2）──被積極引進。

德貝市的警方建立了一套獨立的資料庫。截至目前為止，英國最高度

## 剖繪的魔力

許多英國警察曾經公開表示對嫌犯剖繪的懷疑。如同英國諾丁罕郡副警長湯姆·威廉生（Tom Williamson）所說：「在執行剖繪上，其方法總是業餘且太過冒險的，我們迫切地需要建立一套規則。」

起訴「瑞秋·妮可案」的失敗，顯示警方過分仰賴對法律實踐與司法程序缺乏經驗的心理學家的建議。不過，儘管只作為「工具箱裡的工具之一」，心理分析在犯罪訊問上仍舊扮演了重要的角色。這取決於心理顧問與資深調查員間良好的關係，調查員必須保持客觀態度，而且不受「剖繪的魔力」所左右。

當警方在格洛斯特市，佛列德及羅斯瑪利·維司特的花園裡發現三具屍體時，布理頓說：「他們之所以會用花園埋葬屍體，是因為他們的屋子已經塞滿屍體了。」

發展的犯罪調查統計方法是「中央化分析小組對照殺人專門技術及管理」（其縮寫經過深思熟慮：CATCHEM〔Centralized Analytical Team Collating Homicide Expertise and Management〕）。這個複雜的系統，擁有九千條自1960年起發生的殺人案細節。這個系統證明是無價的：在一件案子中，這個系統分析了年齡、職業及法庭歷史，以及嫌犯可能的居住地；一百五十人被選出，而DNA確定了其中第二十四人的身分。

一項實驗系統被引進英國某些地區：英國警方將監視錄影機與電腦檔案連結，自動比對錄影帶中人像的身分，以追蹤街上已知罪犯的形跡。

# 行為證據分析

「我學到了重要的一課……就是罪犯會說謊。只有透過證據，以及隨後重建的鑑識證據，才是明白在被害者與犯罪者之間，到底發生了什麼事的唯一方法。」布藍特・特維寫道。

在美國聯邦調查局行為科學小組成功後，美國逐步出現一些自由剖繪專家；包括心理學家和獨立從事剖繪的專家。其中最活躍的，就是布藍特・特維（Brent Turvey），在加州執業的法庭心理學家。他在青少年時期開始對性心理學有興趣，因為當時他的女友飽受亂倫與性騷擾所苦；他決定以此作為研究題材。1991年，當他還是波特蘭州立大學心理學系的學生時，他第一次訪問了連續殺人犯傑羅姆・布魯多斯（Jerome Brudos）。

## 案例研究：傑羅姆・布魯多斯

傑羅姆・布魯多斯出生於1939年，從小就厭惡他跛腳的母親。然而從五歲開始，他就迷戀母親的衣物，尤其是鞋子。他從城鎮垃圾場取得他第一雙鞋子；那是他母親的鞋，雖然已經燒壞了。他開始偷他姊妹的鞋子，然後是鄰居的，偶爾還會從曬衣架上偷女用胸罩。

十七歲時，他用刀子強迫一個女孩脫去衣物，他則一邊拍照。結果他被診斷為「早期人格失調」，並被下令至地方精神病院接受門診治療。1959年3月，他加入美軍，但是六個月後

便被解雇，因為他告訴部隊的心理醫師，一個美麗的韓國女孩每晚都爬上他的床。他回到奧勒岡州，住在他家人的工具室中，他開始在街上推倒女性，並奪取她們的鞋子。

這些攻擊於1961年停止，當時布魯多斯遇到一名年輕女子，讓她懷了孕，並娶她為妻。一度他似乎安定下來，但是1967年，當他的妻子正在醫院生產第二胎時，他又開始偷竊。布魯多斯跟蹤一名穿著一雙迷人鞋子的女孩，闖入她的公寓，把她敲昏、強姦她，並拿走她的鞋子。就在這時，布魯多斯開始要求他的妻子裸體在家走動，他則一邊拍照；他同時也穿他妻子的內衣擺姿勢照相。

## 謀殺及分屍

接著，1968年1月26日，琳達·史露森（Linda Slawson）出現在布魯多斯家門口銷售百科全書。他將她帶到車庫，揍她、強姦她，然後綑綁她致死。當布魯多斯要求他的妻子去買漢堡時，他把衣櫃裡過去搜集的女裝穿在琳達的屍體上；然後砍下她的左腳，冰在冷凍庫裡，並將她的屍體丟在附近的威廉米特河。

當凱倫·史賓格被綁架時，有兩人聲稱看到一個體型巨大的女子在附近徘徊。這可能就是身著女裝的布魯多斯。但是當他自認後，他的妻子（如照片）拉芬尼也被逮捕。

7月，十六歲的史蒂芬尼·維可（Stephanie Vikko）失蹤，直至隔年3月才被發現。11月26日，二十三歲的珍·懷特尼（Jan Whitney）失蹤。她因為汽車拋錨而被布魯多斯挑上，他將她帶到他的車庫，殺了她，並將她的屍體吊在鉤子上，幾天來任其喜好更換衣物。他割下她的一個乳房當作戰利品，其餘屍塊則丟到河中。

傑羅姆·布魯多斯就像其他許多連續殺人犯一樣，假扮成便衣警察。他偷竊女用衣物，依他的喜好穿戴在被害者身上，然後拍照。他同時也割下她們的乳房作為戰利品。

　　四個月後，1969年3月27日，布魯多斯在百貨公司的停車場綁架了十九歲的凱倫·史賓格（Karen Sprinker）。他在家裡強姦她，強迫她在攝影機前擺姿勢，然後把她吊死。他割下她的乳房，並將其餘屍體丟進長湯姆河。最後一位被害者是二十二歲的琳達·莎利（Linda Salee）。4月23日，他假扮成警察，以商店行竊為由「逮捕」她，並將之殺害。「她的乳房是粉紅色的；乳頭顏色應該要深才是……我沒有將它們砍下來，因為它們一點也不吸引我。」他後來說道。他轉而試圖用石膏繃帶將被害者的乳房綁起來。

　　警方曾懷疑這些女子為何無緣無故失蹤，但是並沒有殺人的證據。5月10日，一個漁夫在長湯姆河發現琳達·莎利的屍體被壓在汽車傳動器下。兩天後，凱倫·史賓格的屍體被一群潛水隊在相同的河流中發現。警方訊問當地的女學生，發現有一個奇怪的「越南退伍軍人」時常在校園裡閒晃。5月25日，傑羅姆·布魯多斯被指認、訊問，並於五日後提起告訴。

　　在搜索布魯多斯家裡時，警方發現大量女用鞋收藏，以及女用衣物和上百張照片。其中一張成為重要證據：布魯多斯拍攝一名被害者，他仔細

地為她著裝,並把她吊在車庫裡。他在她的裙子下放一面鏡子;這麼做讓他無可避免地也被拍進照片中。

審判上,布魯多斯辯稱自己精神異常,但是在七名醫師宣稱他神智正常後,他改稱自己飽受「嚴重的人格失調」所苦。他被判四項謀殺罪成立,及終身監禁。

> 在搜索布魯多斯的家裡時,警方發現大量女用鞋收藏,以及女用衣物和上百張照片。

## 訪問布魯多斯

特維在《罪犯剖繪》(*Criminal Profiling*, 1999)一書中談到他和布魯多斯的訪談:「我恍然大悟,我對性罪犯的了解實在太幼稚了。我花了五

小時訪問他,而他幾乎從頭到尾都在說謊。他所宣稱任何他曾經做過的事(或是他聲稱自己沒做過的事)都是謊言。我之所以沒有完全被他迷人的個性和大方所誤導,是因為之前我已經先看過警方的調查檔案。在進行訪問前,我先拜訪了奧勒岡州馬里昂郡位於薩冷的警長

布藍特‧特維建立了與美國聯邦調查局完全不同的罪犯剖繪系統,他自己將之稱為「行為證據分析」。

辦公室。我閱讀了所有被害者被分屍的報告，看了犯罪現場的照片，以及調查員的報告。我甚至看了一些布魯多斯與其被害者一同合影的照片。

「透過那次經驗，我學到重要的一課，就是：罪犯會說謊。只有透過證據，以及隨後重建的鑑識證據，才是明白被害者與犯罪者之間，到底發生了什麼事的唯一方法。這個教訓我深記在心。」

特維決定在心理學方面繼續深造，他申請了康乃迪克州新哈芬大學的「鑑識科學研究計畫」。隨後，他建立了個人的罪犯剖繪方法，他稱爲「行爲證據分析」。

## 歸納推理

特維反對搜集並分析罪犯剖繪的統計資料，當時美國聯邦調查局和英國的坎特博士及其同僚（以不同的方式）都這麼做。原則上，他篤信獨立分析個案；並不是依據直覺，而是透過科學方法思考所有可以取得的證據（儘管他強調嚴密的科學，但是批評家仍舊質疑他的分析無可避免地會受到之前辦案經驗的影響。如同他自己所說的，剖繪方法的最後一個階段，「重要的是專業知識，而不是科學」）。

他認爲美國聯邦調查局的方法基本上是歸納性質的：也就是說，從幾個已知的前提開始，然後得到一個（或多或少）邏輯上的結論。歸納推理基本上並沒有什麼錯，但是可能達到誤導的結論。特維引述了一個典型的例子：

前提：大部分已知的連續謀殺犯都是高加索白種人。

前提：大部分已知的連續謀殺犯都是男性。

前提：大部分已知的連續謀殺犯都是在他們的「舒適地帶」行動。

結論：連續謀殺犯很有可能是一名在舒適地帶內活動的高加索白種男子。

## 「你知道我的方法，華生」

儘管大部分人都相信，福爾摩斯是使用演繹法得到他驚人的結論，事實上，他使用的是歸納法。

華生博士說：「我手裡這支手錶最近才成為我的財產。你可不可以行行好，讓我知道它之前主人的個性？」

福爾摩斯回答：「這個人很不整潔；非常不修邊幅，而且粗心。他原本可以大有可為，但是他讓機會從眼前消失，靠著短暫的興旺度日，最後他把錢都花在酒上，然後死了。」

「哇，你到底是怎麼知道這些事的？完全正確。」

常說「這不過是個簡單小問題」的名偵探夏洛克．福爾摩斯；此圖為早期柯南．道爾於雜誌上連載時，福爾摩斯的插畫形象。

此處的關鍵字是：「很有可能」。接著，特維舉出一個剖繪專家常得到剖繪結論的典型例子：假設的連續謀殺犯「將是」一名在舒適地帶內活動的高加索白種男子。此論證另一個關鍵字是「已知」。特維聲稱，以普遍得到特定，或從特定得到普遍的推理是不科學的。

特維舉出下列情節作為例子，說明歸納普遍化固有的危險：

「一名二十四歲的白種女子在她二樓的公寓被強姦。負責調查本案的探員向媒體宣稱，這名性罪犯只攻擊住在公寓二樓的白種女性。」

他指出：「相同的強姦犯不僅可能隨機挑選，在任何地方攻擊被害者，他也有可能在報紙上讀到這個消息後，就特別不去攻擊住在公寓二樓

「哦，那只是運氣好。我只是說出所有可能性。我並不預期全部都正確。」

「這一切難道只是猜測而已嗎？」

「不，不是，我從來不用猜的。這是相當糟糕的習慣，會摧毀邏輯學上的能力。你之所以會覺得奇怪，那是因為你並沒有跟隨我的思考移動，或是沒有觀察到大推論需要仰賴的小事實。

「當你觀察這支手錶的錶帶下方，你會發現它不只被挖了兩個洞，而且到處都是刮痕，這都是因為物主把手錶和其他堅硬物品，像是硬幣或鑰匙，放在同一個口袋的緣故。要推斷一個如此漫不經心對待價值五十基尼手錶的人，是個粗心的人，實在沒什麼大不了的。這名男子既然繼承如此珍貴的物品，那麼做出有錢的一方供養他的推論也不算牽強。

「當英國當鋪的老闆收到一支錶時，他們習慣把單子上的號碼用大頭針刻在錶帶裡頭……你至少可以看到四個號碼。可以推論他經常有財務困難，附隨的推論是，他偶爾會突然富裕起來……最後，你再看看裡面那個有鑰匙洞的平面，看看洞附近不計其數的刮痕，那都是因為開鎖時鑰匙滑開的緣故……每個醉漢的錶都是這樣的……」

（柯南‧道爾爵士，《四個簽名》〔*The Sign of Four*〕，1888年）

的被害者。」

歸納剖繪還有其他缺點。第一，統計資料出自有限的人口樣本，而且可能不

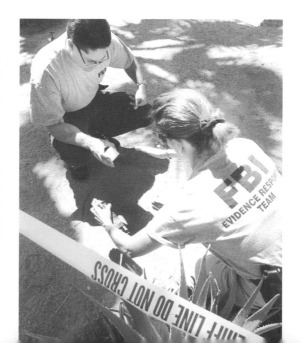

特維的行為證據分析第一階段，被稱作「不確定的鑑識分析」，必須研究與犯罪現場或驗屍結果有關的照片、錄影帶和調查員的報告。此處，美國聯邦調查員正在犯罪現場搜索關鍵證據。

適用於特定罪犯。第二,這些資料出自被逮捕的凶嫌。特維指出:「不能完全以這些資料評估仍逍遙法外的犯法者,因為缺乏那些最成功、最熟練的犯罪人口的資訊。」第三,歸納的罪犯剖繪時常包含不正確的資訊,有時誤將無辜民眾牽連入罪。

## 特維的演繹方法

特維指出,演繹方法的論點在於:倘若前提正確,結論必定正確。他的「演繹罪犯剖繪」推理,「得到有關犯罪者特徵的結論,係直接出自前述提及的,以及與剖繪本身有關的特定行為模式,與以一般犯罪者類型的特徵所進行的推理完全相反」。

顯然特維開始進行推理的基礎,與美國聯邦調查局的行為剖繪專家開始推理的基礎完全不同;他們的分析仰賴過去的案例。如同特維寫道:「統計學上的歸納和來自經驗的理論,雖然在最初時會有所助益,卻是不完善的,而且可能完全誤導調查方向。」

---

### 特維的演繹方法

特維列出了幾個演繹方法的基本假設:

- 所有犯罪者的行為都是有目的的。
- 每個犯罪者的行為和動機特徵都是獨一無二的。調查員應該以此原則進行調查。
- 不同的罪犯可能有類似的行為,但是理由完全不同。
- 沒有任何兩件案子是完全一樣的。
- 人類行為的發展是獨立的,以回應環境或生物的因素。
- 罪犯慣用的犯罪手法可能隨著時間和多次犯罪經驗而逐漸發展。
- 一名犯罪者在多次犯罪時,甚至只有一次犯罪時,都可能擁有多種目的。

布藍特・特維宣稱，他遠比美國聯邦調查局重視被害者。其方法的要素之一，就是評估被害者在被綁架時所須承擔風險的程度。證據顯示，妓女成為被害者的風險最大。

知道一個特定的被害者如何、在何處以及為何被挑中，可以告訴我們許多有關凶手的資訊。

## 四個步驟

　　演繹法的行為證據分析區分為四個階段。第一階段稱作「不確定的鑑識分析」。「不確定」的意思是，證據可能有一種以上解釋，而分析則以評估最有可能的解釋為導向。鑑識證據應該包括（但不應該限於）：犯罪現場的照片、錄影帶及素描；調查員的報告；證據紀錄及意見表格；驗屍報告、錄影帶及照片；訪問目擊者及鄰居；被害者在被害前的行動；以及被害者的背景。

　　特維的方法非常重視被害者的特徵，這在罪犯剖繪上時常遭到忽視；而特維分析方法的第二階段稱為「被害者學」。知道一個特定的被害者如何、在何處以及為何被挑中，可以告訴我們許多有關凶手的資訊。例如，被害者的體格暗示嫌犯的體型。同樣地，如果被害者沒有任何掙扎就被綁架，而其他人描述她是個天生非常謹慎的人，那麼就表示嫌犯認識被害

## 確認動機

　　在特維所著的《罪犯剖繪》一書中，他提出了很多例子，解釋從罪犯行為判斷其犯罪動機是非常困難的。他描述以下情節：強姦犯在公園裡攻擊被害者，強姦犯將被害者的上衣蓋在她的臉上，在攻擊時也一直如此。這個行為的目的為何？他的目的是為了遮住被害者的眼睛，以防她看到自己的臉？或者遮住她的臉，以讓她成為匿名的對象？或者是為了擋住被害者的手臂？或者為了暴露被害者的胸部？或者是某種性幻想的表現？

者，或者很懂得說服被害者合作。

　　被害者學有一部分是風險評估。剖繪專家不僅對被害者的生活形態讓其陷入風險的機率有多高感興趣外，同時也包括當被害者被攻擊時的風險，以及嫌犯準備好承擔的風險。

　　第三個步驟稱為「犯罪現場特徵」。是透過「犯罪現場特徵」了解嫌犯有關被害者及犯罪地點的行為決定，和其對犯罪者的意義。這些特徵包括：接近被害者的方法、攻擊被害者的方法、控制被害者的方法、犯罪地點的形態、性行為的性質及順序、使用的材料、言語上的行動以及預先警戒的行動。它們協助剖繪專家區分罪犯的慣用犯罪手法、特徵，並得以推論嫌犯的心智狀態、計畫及動機。

　　使用像是「暴力罪犯逮捕計畫」電腦分析剖繪系統的剖繪專家，通常也會考慮這些資料（除了被害者學外）。

　　特維強調，其方法的第四步驟──「犯罪者特徵」，不應該視為最後的結論，而應該不斷更新，當新證據出現，或舊資訊被捨棄時，都必須重新檢驗之。

　　特維及其同僚宣稱可以分辨的罪犯特徵包括：體格、性別、工作地位和習慣、侵略性、住所與犯罪的關係、醫療史、婚姻狀況和種族。許多

特維舉例說明幾件傳統剖繪案件造成的傷害，其中一個就是李查·朱維兒，他是保安人員，於1996年亞特蘭大奧運會上發現一枚炸彈。全國性的媒體報導，美國聯邦調查局的剖繪顯示，朱維兒就是首要嫌疑犯，但是他從來不曾被控告，而美國聯邦調查局最後也澄清他的嫌疑。

其他使用統計資料或較直覺方法的剖繪專家，也覺得達成這些結論是合理的。

　　特維的行為分析得到的結論與其他剖繪方法類似。特維堅持每件案子都是獨一無二的，他避免將統計得到的平均數適用到特定的案子上。事實上，許多時事評論者曾經批評許多美國聯邦調查局的剖繪都「一樣」。

　　特維剖繪的力量，仰賴不辭辛勞地從調查員的報告所提供的資訊，來詳細評估各個案件。

# 地理剖繪

繪製暴力犯罪發生地的位置，已經證明在追蹤嫌犯上有不可計量的價值。一份有關「羅斯多夫開膛手」安德列‧奇卡提羅（左頁）行動的研究，將調查範圍限縮在地方的鐵路網上。當他被逮捕時，他自認犯下五十五起殺人案件。

　　大部分調查員都同意，有經驗的犯罪者都顯露出某種心理學上的特質，那與我們所認為的「正常」不同，而且提供我們將他繩之以法的細節。

　　除了罪犯慣用的犯罪手法外，罪犯就像是食肉動物一樣，也有他們的「獵區」——他們犯罪的地方。粗看之下，這或許大得嚇人，但是調查員通常可以偵查出這個範圍內的模式；如同大衛‧坎特在他的第一件案子中，約翰‧達非強姦與謀殺案的分析，即清楚地說明了這一點。

　　第一次試圖調查犯罪發生範圍的地理模式的學者，是十九世紀中葉的法國犯罪學家安德列麥克‧格利（André-Michel Guerry）以及藍伯特雅多夫‧奎特列特（Lambert-Adolphe Quetelet）。他們繪製全法國發生暴力與財產犯罪地點的地圖，檢驗在不同地區與貧窮程度的關連。

　　二十世紀初，芝加哥大學的社會學家在這個多風的城市完成類似的研究。不過，直到最近，因為複雜電腦軟體的使用，才開啟繪製及偵查犯罪技術上較複雜的發展。

## 精確指出「羅斯多夫開膛手」的位置

　　分析連續暴力犯罪的特殊繪製軟體，在過去二十年特別引

人注目。對罪犯地理行為模式的直覺，基本上仰賴多年實際經驗，不過長久以來一直在調查員的方法上扮演了重要的角色。

約克郡維德百市內政部中央調查局的前局長，史都華・坎德（Stuart Kind）在其著作《科學的犯罪調查》（*The Scientific Investigation of Crime*, 1987）中提到，1980年12月1日召開高階層會議，對「約克郡開膛手」的調查提供建議。顧問小組研究的被害者是一名二十歲的布來德佛特大學學生，她在1979年9月1日被殺害。顧問小組的一員，來自新倫敦警察廳的羅奈德・哈維（Ronald Harvey）警官在研究證據後大聲叫道：「嫌犯住在布來德佛特，他殺人後就回家了！」

坎德用一張地理圖示（與第五章描述的繪製行為「地圖」十分類似）解釋，顧問小組如何更進一步檢驗這個直覺的天啟。

> 羅奈德・哈維警官研究了證據後大聲叫道：「嫌犯住在布來德佛特，他殺人後就回家了！」

## 連結線

「看看這一張假設是約克郡開膛手犯下的十七件案件地點的地圖。如果我們用大頭針在地圖上標示每一個犯罪發生地點，並綁上一條線，然後開始思考下列問題：『在地圖上的哪塊區域可以放上第十八個大頭針？如果我們將十七條線拉長，然後將每條線綁在第十八個大頭針上，所有線的最短距離將會是多少？』」

結果實際標出坎德所稱的「重心」位置的，並不是大頭針或線，而是電腦。首先標出十七個犯罪地點，然後再標出其他可能為「約克郡開膛手」所為的案件位置。電腦確定重心是一個接近布來德佛特市的位置，「可能在曼寧罕或席普利區」。坎德指出，這個分析並沒有考慮道路實際的長度，而是使用「直線距離」。然而，就在一個月後，1981年1月2日，彼得・薩特克里夫被控謀殺時，警方發現他就住在布來德佛特市，而且在曼寧罕和席普利區之間。

　　現在已經建立的電腦系統使用的軟體叫作「地理資訊系統」，可以聯繫空間及時間因子。「國際犯罪分析協會」估計，過去十五年執法單位對「地理資訊系統」專家的需求已經增加了十倍。

　　如同「美國國家司法犯罪繪製圖調查中心」主任南西・拉・維根內博士（Nancy La Vigne）所說：「人類自然會回應這種地理上的象徵。你所得到的是一個極為複雜的理解，理解這些街道上到底發生了什麼事。」

　　「地理資訊系統」繪圖非常具有價值的一部分，就是快速確認犯罪「熱點」的能力。各檢警單位分別建立各自的方法。早期建立於伊利諾州的系統被稱為「犯罪時空分析」；紐約市警局成功地使用「CompStat」方法；紐約州的兩個郡則使用「地理連結－多重機構資訊網絡及矛盾消除」

「約克郡開膛手」的藏身處是一個到處都是空瓶的骯髒小窩；這個位置正好位於所有主要謀殺案發生地的中央。

方法，協助警方做決定。

　　大約在十年前，警方認為可以透過「地理資訊系統」分析已知的案件，以評估當前連續殺人案件的破案機率。例如，在「山坡勒人魔」（Hillside Stranglers）案中，以「地理資訊系統」追溯分析確認了警察的原始方法。

# 「山坡勒人魔」

　　由1977年10月開始，九名兼職妓女在洛杉磯的一小塊區域內被勒殺致死，另一名被害者則於1978年2月以相同的手法遭謀害。這些年輕女子全都被綑綁強姦。她們赤裸的身體死亡後都被清理乾淨，所以沒什麼線索可尋，但是屍體經常被拋棄在距離當地警察局很近的山坡上。起初，警方認為有一人犯案，但是鑑識證據最後證明有兩名男子涉案。正確地說（後來透露的消息），洛杉磯警局依據被害女子被綁架、棄屍的地點，以及之間距離所做的電腦分析顯示，被害者事實上是在其中一名嫌犯的土地上被謀殺的。電腦確認的位置只有三平方英里，洛杉磯警局在這塊地區集中兩百名警力，希望在綁架被害者的途中將他們逮捕。

　　不知是警察活動太密集的緣故，或對其同謀生活狀況感到厭惡，其中一名殺手搬到了華盛頓的博靈罕。他在那裡因為強姦並勒殺兩名大學生而被捕，他暗示他的表哥安哲羅·布歐諾（Angelo Buono）也曾經涉案。後來洛杉磯警方才明白，他們犯罪地圖的中心非常接近布歐諾在洛杉磯格蘭岱爾市的汽車裝潢公司。兩位犯罪學家後來完成了本案的追溯分析。他們發現，棄屍地點的中心在布魯諾的住家附近，但是在正中心的外圍並沒有任何犯罪發生，推測是布魯諾不希望犯罪地點太接近他家。

安哲羅·布歐諾與表弟肯尼士·畢安其被認為就是謀殺洛杉磯妓女的「山坡勒人魔」。全都（只有一件不是）發生在這兩名男子共同居住的住處附近。

肯尼士‧畢安其，「山坡勒人魔」之一，在法庭上受審。在他搬到華盛頓的博靈罕，並強姦勒殺兩名大學生後，終於被逮捕。

一旦連續謀殺案的地理分布分析建立後，調查員開始基於已破案件中可以取得的資訊做出一些歸納。例如，1990年時，一名大學研究員預估，倘若被害者屍體的棄屍地與被謀殺地不同，凶手通常住在最初攻擊發生的區域。另一方面，如果謀殺現場就是棄屍地，凶手通常不是當地人。

如果犯罪現場在大路旁，也表示謀殺犯對該區並不熟悉；相反地，如果犯罪現場距離主要幹道一英哩以上，表示凶嫌是當地人。屍體被掩埋，表示凶手打算再度使用同一棄屍地，更進一步顯示他就是當地人。相反地，倘若屍體未經掩埋，表示殺手不在乎屍體是不是會被發現，因此他只是個過客。不過，這些歸納可能會誤導調查員，而且例外不計其數。

例如，「沒有組織的」殺手傾向住在靠近他們犯罪的地方，通常將被害者的屍體留在謀殺現場。「有組織的」殺手可能漫遊到遠處，並將被害者的屍體丟在一個偏遠的地方，通常好幾個月後才被發現。

## 「羅斯多夫開膛手」

從1978年11月開始，持續了十二年，許多年輕女子及孩童的屍體在俄羅斯羅斯多夫東（Rostov-on-Don）火車站及巴士站附近的森林裡被發現。

「羅斯多夫開膛手」安德列・奇卡提羅，以及讓他被逮捕的地圖。他曾經被懷
疑為嫌犯，而被訊問好幾次，但都因為地方共產黨官員的抗議而獲釋。

被害者都被殘忍地強姦、謀殺，然後不斷被猛刺，尤其是臉部。有些人舌
頭被咬掉；其他人內臟則被挖除。

　　光在1984年的8月，就發現八名被害者的屍體。一個叫作安德列・奇
卡提羅的男子被懷疑為凶手，並被偵訊了許多次，但是地方共產黨官員提
出抗議，因為大家都知道他是一名忠誠、積極的黨員。

　　調查員認為，嫌犯使用地方的通勤火車尋找目標，然後引誘被害者到
附近的森林裡。地方鐵路網提供了一份嫌犯活動地區的地圖，但是和其他
類似犯罪不同的是，這張地圖又窄又長，沒有明顯的中心。調查員因此決
定刺激嫌犯進入「運作森林帶」。超過三百名便衣警察負責看守所有鐵路
站每一條明顯的道路，除了三條火車線是由身著制服的警方看守。1990年
11月，奇卡提羅在一個車站被發現臉上和手上沾滿了血，另一具屍體在附

近發現，他被逮捕。他自認犯下五十五起殺人案，而且詳細地向警方解釋他分屍的方法。1992年10月，奇卡提羅被判五十三項謀殺罪成立，並判死刑。葉爾辛總統（Boris Yeltsin）拒絕予以特赦，1994年2月15日，奇卡提羅被槍決。

## 獵捕的興奮

　　加拿大英屬哥倫比亞溫哥華的調查員金・羅斯姆博士（Kim Rossmo）已經將暴力犯罪地理剖繪的技術發展到最先進的階段。這是一套依據科學建構的統計方法，而且與嫌犯心理學幾乎沒有直接關係。如同他在有關這個主題的書（《地理剖繪》〔*Geographic Profiling*, 2000〕）的題詞，羅斯姆引述前美國聯邦調查局探員約翰・道格拉斯的話：「訪問對象：他們將告訴你真正吸引他們的是獵捕——獵捕以及試圖尋找易受傷的被害者。」

　　例如，1989年時，華盛頓被判殺害三名幼童的維斯特利・亞倫・達德（Westley Allan Dodd）在他的日記裡寫道：「現在可以開始我獵捕的第二天。從早上十點開始，然後吃午餐，這樣我就不用回家了。」同時，他表示他應該殺害一名他原本計畫進行獵捕的公園裡的幼童，因為他將失去他的「獵捕場兩到三個星期」。

維斯特利・亞倫・達德在他的日記裡寫到，他將
如何開始獵捕他的被害者。

羅斯姆寫道，因此地理剖繪有助於分析「獵捕行為產生的空間模式，連續暴力罪犯的目標位置……例如，連續謀殺案包括遇到、攻擊、謀殺被害者，及棄屍的地方。可以利用犯罪地點觀察犯罪者獵捕行動的模式。透過分析犯罪地點建立這些模式，可以得知犯罪者最有可能的居住地。」不過，羅斯姆謹慎地強調，這個技術「無法破案；破案是調查員的責任」。這種地理剖繪的概念與安・魯爾於1983年在美國參議院委員會中提出的證詞相反，她說：連續殺人犯（至少在美國）經常遷徙極遠的距離去獵捕被害者。

## 連續殺人犯的類型

羅斯姆聲稱，可以由殺人犯尋找被害者的方式，將他們分成四類：

獵人：刻意展開尋找被害者的行動，以他們的居住地為中心。

侵入他人地界者：刻意展開尋找被害者的行動，但是他的活動範圍並不是在他的住家附近，也不會在通勤期間獵捕對象。

漫遊者：純粹靠機運遇到被害者，其活動是未經計畫的。

金・羅斯姆的地理剖繪系統，目的在於分析罪犯獵捕行為的空間模式。

設陷阱者：佔據或創造一個地方，讓他可以在控制範圍以內的地點遇到被害者。

羅斯姆也將攻擊者分為三類：

猛禽類：幾乎在相遇時就攻擊被害者。

潛行者：先跟蹤被害者，然後漸漸接近他，等到一有機會就攻擊。

伏擊者：一旦被害者被吸引至攻擊者控制的地點，像是其居住地或工作地，即展開攻擊。被害者的屍體經常被藏在相同的地點。

依據羅斯姆的說法：「這個分類法和薩勒（Schaller）描述某些非洲大草原獅子的狩獵方法非常類似（1972年）……」

「獵人」和「侵入他人地界者」和英國的大衛·坎特在研究強姦犯時使用的「掠奪者」和「通勤者」的描述類似。「掠奪者」犯罪地點形成的圓周，正好以他的住家為中心；而「通勤者」則遷徙到其他地方犯罪。坎特研究的四十五件強姦案中，只有五件屬於「通勤者」。

相反地，美國聯邦調查局1993年的研究，則發現七十六件強姦案中，有一半的強姦犯不住在他們的犯罪圓周內。他們推論，這個差異可能是因為歐洲及美國城市結構的不同。地理上的考慮也影響了犯罪範圍的結構。例如，1990年被控連續強姦的「狼人強姦犯」約瑟·羅德李奇（José Rodrigues）住在英格蘭南部濱海的貝克西爾。顯然他的犯罪行動無法向南發展至英吉利海峽，他的犯罪範圍僅擴及貝克西爾北部的半圓內。

地理剖繪以大多數人有一個「賴以支撐的點」的假設為基礎。這大多是他們的住家，但有時候是他們的工作地點，或好友的住家。有些罪犯可能以公共場所為基地，像是酒吧或彈子房。「賴以支撐的點」必定在這個人心理的地圖上，而且很有可能非常接近中心。如同犯罪學家曾經指出的：「很少罪犯在尋找犯罪機會時，會擴展到一個全新的、未知的領地或情境。」

「開膛手傑克」身分的問題一直吸引犯罪學家的注意，包括大衛‧坎特，他使用「賴以支撐的點」的概念處理這個難題。他採用歷史學家保羅‧貝格（Paul Begg）的意見，認為艾倫‧寇斯明斯基是首要嫌疑犯；美國聯邦調查局也同意他的理論（參閱第三章）。雖然貝格不知道寇斯明斯基的居住地，但是他知道艾倫的弟弟沃夫的居住地；沃夫在艾倫被送進精神病院後曾照顧過他。貝格認為艾倫很有可能就住在附近；當時的警察局副局長則將之描述為「謀殺發生地的中心區域」。

> 「我們去哪裡，取決於我們知道的……我們所知道的，仰賴我們去的地方。」大衛‧坎特在《犯罪陰影》一書中寫道。

## 心理地圖

所有人都有心理地圖，他們熟悉地區的影像，像是儲存在他們記憶中的鄰里或城市。和空間資訊一樣，這些影像包括像是顏色、聲音、感覺、情緒和重要標誌的細節。

這些空間的要素可以分為五類：

一、「路徑」：移動的路線，主導大部分人有關城市或其他中央地點的印象，像是公路或鐵路。

二、邊緣：邊界，像是河流、鐵道或高速公路。

三、區域：子區域，有可以辨識、明確的特徵，有建立得很好但是邊界模糊的中央區域，像是金融區、相同種族聚集區或「貧民區」。

四、結點：密集行動的中心，像是主要的十字路口、鐵路車站或街角商店。

五、地標：可以辨識的標誌，用來定位，像是鐵路標誌、廣告牌、樹或高樓。

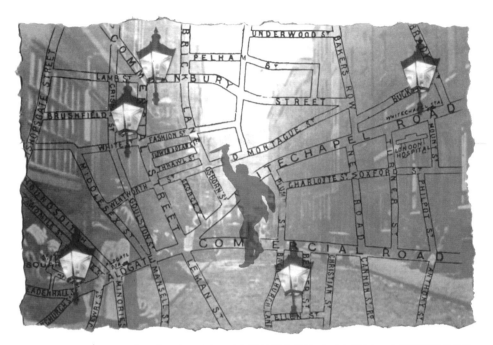

倫敦東區「開膛手傑克」實行連續謀殺的地區，以及沃夫・寇斯明斯基的居住地。街燈標示了五件確定為「開膛手傑克」所為的謀殺案；而沃夫・寇斯明斯基就住在這些地點的中心處。

　　為了替「維持熟悉度與風險的最理想距離，你將在你居住地外圍一圈的區域犯案」提出理由，坎特繪製了一張白教堂區的地圖，標出「開膛手傑克」的犯罪地。沃夫・寇斯明斯基的居住地大約就在中心點。

## 地域目標鎖定法

　　羅斯姆及其同僚與溫哥華的西蒙弗勒賽大學合作建立「罪犯地域目標鎖定法」的電腦系統。這套系統使用統計公式，確定罪犯「賴以支撐的點」至犯罪地距離的相關性，然後電腦將產生一個稱為「風險面」的三度空間彩色圖（確定犯罪最有可能發生的區域）。

　　接著，彩色圖可以投射至街道圖（一個普通的立體模型圖，以同樣的

一位畫家描繪的「狂歡節炸彈客」。愛德格・皮爾斯（左）與哥哥羅納德・皮爾斯在法庭上。

方法，也就是以顏色表示高度），產生一個複雜而且色彩豐富的「地理剖繪」。地圖上「高地」的尖峰區域，表示罪犯「賴以支撐的點」的位置。

有時候地理剖繪可以產生超過一個尖峰區域，表示罪犯「賴以支撐的點」不只一個。1994年至1998年之間，英國的「狂歡節炸彈客」（Mardi Gra Bomber）於大倫敦地區置放三十六枚炸彈；罪犯亦時常提出贖金要求。這些信件、指示常發送給各種目標：自動提款機、超級市場、公用電話、商業區或私人住宅區。倫敦警察廳請求加拿大的剖繪事家提供地理剖繪，結果顯示兩個尖峰區域：主要的尖峰區在倫敦西邊的契斯維克，第二個尖峰區則出現在倫敦東南方。

六十一歲的愛德格・皮爾斯（Edgar Pearce）及其六十七歲的哥哥羅納德（Ronald）在試圖從提款機提領贖款時被逮捕，後來警方發現他們都住在契斯維克，而且都有家人住在倫敦東南方。

雖然地理剖繪最初是為了分析連續犯罪而發展出來的，但羅斯姆引述

警察檔案照片中愛德格‧皮爾斯。在三年持續恐嚇巴克雷銀行及聖伯利連鎖超市後，1999年4月14日，他在英國倫敦老貝利街的中央刑事法庭被判處兩百二十四年有期徒刑。

了一件加拿大的案子，一名只犯下一次謀殺案的凶嫌，在實行一連串奇怪的行動後，被「罪犯地域目標鎖定法」準確地標出他的位置。1995年10月的一個晚上，一名男子在英屬哥倫比亞特區揮舞棒球棍，攻擊兩名年輕女子。一名女子被殺害，屍體被丟棄在二十英里外；另一名則步履蹣跚地走到附近的醫院。幾天後，凶手打了幾通電話到死者的家裡奚落他們，後來還不時破壞、盜取她的墓碑。最後，他將一張字條綁在扳手上，並把它丟進一間屋子裡。總共發生了十三起騷擾事件，「罪犯地域目標鎖定法」已經可以指出罪犯「賴以支撐的點」，這名男子很快就被逮捕。

地理剖繪也可以讓無辜的人獲釋。1969年1月的一個清晨，住在薩克斯其萬省薩斯克圖恩的一名護士助理正趕搭一班巴士去上班。但是，她被拉到小路上強姦後，被刺身亡。十六歲的大衛‧米爾格爾（David Milgaard）被控謀殺這名女子，判處終身監禁。在多年監禁中，他一直聲稱自己是無辜的。

1990年，另一名嫌犯被找到了。他是賴利‧費雪（Larry Fisher），一個連續強姦犯，住在離巴士站一條街遠處。米爾格爾的家人要求重審該案，並使用地理評估方法。

## 參宿七星

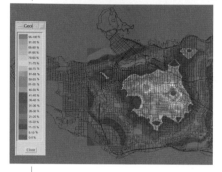

溫哥華的「環境犯罪學調查中心」已經建立一個特殊的地理剖繪電腦工作站。它被稱為「參宿七星」（Rigel），出自獵戶座獵人腳後跟的超級藍星。

開發人員說：這套系統的目的在於協助獵人（也就是警察探員）逮捕罪犯，就像是支持獵戶座的參宿七星一樣。

在一個分析中，電腦必須進行上百萬次計算。犯罪地點依據不同類型分類，然後輸入特定的地址或是由全球定位系統獲得的經緯度。之後，各種「情節」會被創造、檢驗。地理剖繪及風險面（也就是犯罪最有可能發生的區域）可以被轉動，以不同的角度觀察，以協助解釋，尖峰區域的數位攝影可以被重新覆蓋。

「參宿七星」軟體的正確性達百分之七十。以三度空間或二度空間圖形呈現最有可能為犯罪行動的中心區。在這張溫哥華市中心的三度空間圖上，深紅色的區域顯示嫌犯最有可能的居住地。

也可以連結大型的資料庫，像是性罪犯登記、案件管理軟體或「暴力罪犯連鎖分析系統」，而警方則因此得以使用相對有限的資源。

「費雪慣用的犯罪手法和犯罪地點與本案有強烈的相似處。」羅斯姆寫道：「相同的區域、相同的位置類型（被車庫、籬笆和植被遮掩住的小徑）、相同的獵捕方法、覆蓋物的使用、刀械的使用，以及殘忍的性侵害。」

此外，羅斯姆說道：「有關米爾格爾在事發當天早上的狀況，並不足以證明他有機會犯案。」最後，1997年，DNA分析證明米爾格爾無罪，並促使費雪被逮捕。

　　地理剖繪的使用擴散得非常快。過去幾年，溫哥華警察局收到許多來自美國、英國、德國、比利時、希臘、南非、墨西哥、澳洲、紐西蘭和一些中東國家的請求。迄今，地理剖繪已經協助美國聯邦調查局、倫敦警察廳及其他單位超過一百件調查，涉及案件超過一千五百件。現在，英國已經開始由「全國犯罪學院」提供這項分析服務；「全國犯罪學院」是一個警察組織，專門提供犯罪調查的建議和知識技術。

曼尼托巴維倪佩格的多石山監獄。大衛·米爾格爾在此被監禁了將近二十年，直到地理剖繪評估和DNA分析證明了他的清白。

183

# 罪犯的用語

罪犯經常覺得不得不透過信件或電話和獵捕他們的人溝通。他們的留言可能是帶有揶揄口氣的，可能是自信的，也有可能是絕望地請求協助，如同青少年殺手威廉‧赫爾倫斯（**William Heirens**）在謀殺犯罪現場的留言。

　　保羅‧布理頓曾經描述自己為「人性拼圖者」，因為他將行為證據的碎片彙聚在一起，然後組合成最有可能的犯罪心理構成圖。不過，在有些案例中，尤其是要求贖金的綁架或「匿名信」案件，調查員和剖繪員則比較重視嫌犯的有形表現，他們書寫或交談的方式。這些訊息可能有各種不同形式，但是其內容和風格幾乎都反映了嫌犯如何看待自己（或者，尤其是在「匿名信」的案件中，他們自己）。

　　在之前的章節中，一些綁架案或謀殺案的凶嫌曾經以口頭或書面方式與被害者的家人或警方聯繫。起初，這些訊息會是簡單而且實際的，不過，如果時日一久，警方似乎還沒有逮捕嫌犯的跡象時，罪犯就很有可能會隨著自信的增加，變得喜歡奚落人。在這個脈絡下，特別有意思的就是麥克‧山姆案。

## 山姆的信

　　山姆第一封寄給李茲市警局的信，後來發現是在珠莉‧達特已經被殺害後才寄出的。他在信中宣稱：「一個年輕妓女昨晚在契普頓區被綁架。如果配合以下的要求，她就會毫髮無傷地被釋放。」在詳細地敘述贖款將如何遞交的第一階段後，信

麥克·山姆第一封寫給警方的信件,是用歐立維提打字機打的。後來他改使用文字處理機。

件繼續寫道:「人質將被餵食,並在一間以綁架為目的的租用的房舍中好好看管著,與電流管連接的紅外線偵測裝置將二十四小時嚴密看守她。一旦金錢領出,你們就會收到人質被幽禁的地址。『在進入房舍前,必須從外面將電源關掉』(以上為大寫字母),開門或者其他任何動作都會啟動偵測裝置。」

　　這封信是山姆用他老舊的歐立維提打字機打的(後來他使用文字處理機)。這是一封冗長的信件,到信末,文法及拼音的錯誤越來越明顯,就好像筆者越來越無法控制興奮之情。即使在這個階段,也很明顯已是他和警方的遊戲。例如,提到紅外線偵測器,以及要求攜帶金錢的女警必須在其車上明顯處放置「反削弱器」和「通話偵測器」,就不太可能是以現實為基礎的考量。而且山姆知道,如果囚禁被害者的房舍是以綁架為目的而租用的,那麼警察應該很容易在人質被釋放後追蹤到他。

　　珠莉·達特的屍體一被找到後,第二封信就寄來了。山姆達成了讓警方密切注意他的目的,變得越來越有自信。隨著信件中的錯誤越來越多,表示他越來越

剖繪專家保羅·布理頓被稱為「人性拼圖者」,因為他可以從不同的資訊與證據碎片中,建構嫌犯的剖繪。

興奮。在第三封信中，他詳細地討論任何警察行動可能導致他被逮捕的機率——厚顏無恥地展現他深信自己的聰明才智。接著，山姆任性地抱怨：「珠莉並不是被棍棒打死的（吉姆・歐菲爾德〔Jim Oldfield〕，《鏡日報》〔*Daily Mirror*〕），她的後腦杓先被敲擊三或四下打昏，然後被綑綁。她什麼也沒感覺到……」這種謀殺犯一點也不奇特。他們從報刊雜誌上挑出錯誤的地方，然後藉此正當化他們的行為，並建立自身的形象。

下一封信在兩次電話聯繫失敗後寄出。這封信是手寫的，更進一步證明凶手越來越有自信。這封信還令人毛骨悚然地仿效「開膛手傑克」的信件。這封信這樣開始：「對不起昨晚沒去星期一下午沒時間化妝去押解人質星期一傍晚要化妝得花好幾個小時。」然後這樣結束：「再見，星期二再打電話過去。」雖然警方不曾表示他們是否相信山姆真的有意偽裝自己，但山姆似乎不太可能這麼做。山姆亦提議，他將藉由「情人小徑」上一輛有兩人的轎車作為交換人質的媒介；這也不大可能，只是更進一步證明他在玩一場遊戲。

這一次，通話接觸終於開始，但是錄音卻失敗，只有「服務」這個詞可以辨識。在後續的聯繫中，警方驚訝地直接聽到山姆的聲音，他聲稱他的錄音機（用來偽裝他的聲音）壞了。不幸地，警方並沒有預期山姆會打來，所以他的聲音沒有被錄下。接著一封文法、拼音錯誤的信件

警方發布可能為殺害珠莉・達特凶手的畫像。這張畫像與麥克・山姆的真實長相並不相似。

宣布:「現在遊戲結束。」

　　打字信件後來開始恐嚇要讓鐵路出軌,不過信中幾乎沒有錯誤,暗示山姆花了兩個月的時間小心計畫這次行動。另一封他揚言已經綁架一名房地產仲介商的信件也是如此,不過他事先安排察看一間待售房屋。他打電話給房地產公司兩次,當然他們沒有理由懷疑他。至於那封他揚言已經綁架房地產仲介商的信件,警方認為是在史蒂芬尼‧史萊特被綁架前就寫好的,而且信件內容也沒有任何錯誤之處。在遊戲及追捕開始前,他非常冷靜。

　　現在山姆已經非常相信自己的聰敏,甚至直接打電話給房地產公司(而不是以之前播放錄音帶的方式)。這些電話內容都被錄製下來,並導致最終將他繩之以法。史蒂芬尼被釋放後一週,一封出自山姆的信件影本寄給警方和媒體。標題是:「事實」,信件這樣開始:「我綁架了史蒂芬尼‧史萊特。」並聲稱自己沒有謀害珠莉‧達特,也沒有威脅英國鐵路局。更奇怪的是,他繼續寫道:「我感到羞愧、難過,完全憎惡我對待史蒂芬尼的方式,以及造成她父母的痛苦……甚至到了現在,我的雙眼還充滿淚水,我在夜晚醒來,我真的哭了,我希望史蒂芬尼可以盡快熬過這段痛苦的時光。至於我?我認為我永遠無法恢復。」

　　為什麼會在山姆被逮捕前收到這樣一封信?負責本案偵訊的警官鮑伯‧泰勒認為,這展現了「徹底的自我滿足,以及引人憐憫的請

警察檔案中凶手麥克‧山姆的照片。山姆因為謀殺珠莉‧達特和綁架不動產仲介史蒂芬尼‧史萊特而被判終身監禁。

求」。不過，保羅‧布理頓則認為，嫌犯知道自己就要被逮捕了，因此「假裝反悔，以為自己製造辯護理由」。

他同時也認為，很有可能因為某種奇怪的原因，山姆在囚禁史蒂芬尼時愛上了她，並發現自己無法實現他的恐嚇諾言。遊戲變得很難繼續下去。

本案同時也證明太相信這類信件的危險性。布理頓正確地評估，山姆其實是在和警方玩遊戲，並推論拼字及文法上的錯誤是故意的，目的在於誤導警方的調查方向。當他被逮捕後，警方才發現他有點誦讀困難的毛病。

## 罪犯的筆跡

筆跡學，即所謂筆跡分析，有兩種不同的方法。罪犯手寫的訊息，不論是要求金錢、恐嚇或是後悔自責，幾乎都會送給筆跡學家分析（警方喜歡稱他們為「筆跡專家」）。這麼一來，在調查的某個階段，就可以與主要嫌犯的筆跡相比較。這項分析主要是有形的鑑識技術——確認和比較特定信件的形式。

不過，大部分筆跡學家則相信，他們可以透過一個人的筆跡發現他主要的心理特徵。有些筆跡學家則宣稱（而且輔有證明），他們做的評估與行為分析或典型罪犯慣用手法說明一

1935年，筆跡專家艾伯特‧歐森被傳喚出席布魯諾‧侯普特曼的審判（他被控謀殺察理‧林白的幼子）。歐森表示，贖金便條的筆跡和嫌犯侯普特曼的筆跡相符。

樣有價值。因為警方拒絕這種技術，加上大多數人仍認為這和占星術及手相一樣不具科學性，筆跡研究在為人所接受前還有一條漫長的道路得走。迄今，幾乎所有的筆跡分析都是針對已經被逮捕的罪犯，只能說是後見之明。如同領導英國筆跡學界及《罪犯筆跡》（*The Criminal Hand*, 1991）

## 炭疽菌信件

2001年9月18日及10月9日，出現含有炭疽菌的匿名信後，美國聯邦調查局於11月9日公布了嫌犯的筆跡及行為剖繪。他們聲稱：「這三封信出自同一人之手，是有充分證據，而且幾乎是確定的。」他們請求大眾的協助，希望有人可以認出這些特徵。

儘管信件內容都是由大寫字母寫成，但是每個句子的第一個字母，以及專有名詞的第一個字母都比較大；聯邦調查局推論，筆者並不擅長撰寫小寫字母。信封都是從郵局買來，已經蓋好郵戳，地址和姓名很明顯地從左邊斜向右邊。筆者寫日期的方式是像這樣「09-11-01」，而不是「9/11/01」，而且使用如左圖的格式。「cannot」這個字分開寫成「can not」。

美國聯邦調查局的新聞稿包括一份行為評估。他們宣稱嫌犯「可能是成年男性；如果有職業，他的職位很有可能不太需要與大眾或其他員工接觸。他可能在實驗室裡工作……他可能有某程度的科學背景，或者至少對科學很感興趣。

「在執行他的犯罪行為上，展現有組織及理性的思考程序。並非隨意挑選被害者……嫌犯謹慎地『挑選』『美國全國廣播公司』（NBC）、《紐約郵報》（*New York Post*）及湯姆・戴許（Tom Daschle）參議員的辦公室為攻擊對象（可能還包括佛羅里達的『美國軍事研究會』〔AMI〕）。這些目標對嫌犯可能非常重要。它們曾經是嫌犯輕蔑的對象，彼此曾交流

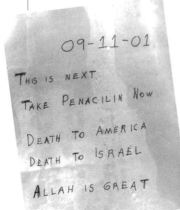

美國聯邦調查局公布的「炭疽菌信件」的部分內容。不過，他們懷疑筆者並不是伊斯蘭基本教義者。

一書的作者派翠西亞・馬內（Patricia Marne）所說：「沒有一名筆跡學家會基於一兩個線索，就說這個人不誠實，或者是罪犯，不然這就像是醫生不考慮病人的任何症狀，就診斷為特定疾病一樣。」

2001年11月6日，一群生物危害小組進入哈特參議員位於美國國會的辦公室。數個月後才宣布這棟大樓沒有炭疽菌。

過；缺乏與他人相處的技巧……他可能已經懷有恨意很長一段時間，發誓有一天一定要報復。他可能之前就已經有類似的行為。

「喜歡獨處；如果有什麼私人關係，很有可能出自自私的天性。」

最後，美國聯邦調查局描述嫌犯在執行犯罪前後最有可能的行為。他可能對九一一事件沒有什麼興趣，儘管這可能導致他變得「以目標為導向」。他可能變得更喜歡隱藏，表現出奇怪的行為模式，而且他可能意外地開始使用抗生素。

關鍵時刻（郵寄信件、第一名被害者死亡、媒體報導每件意外事件，以及非目標被害者的死亡和生病）可能會導致他的行為出現重大改變。可能包括外表明顯的改變、發音緊張；反常地對媒體有興趣；顯而易見的心情擺盪；異常入神；異常曠職；以及睡眠及飲食習慣的改變。迄今，炭疽菌信件的發信人還沒被找到。

## 筆跡學概述

分析及比較筆跡是冗長且複雜的工作。筆跡學家從將書寫分為三區開始。中間區域是母音、字母「c、m、n、r、s、v、w、x和z」、字母「g、p、q和y」的上半部，以及字母「b、d、h和k」的下半部。上部區域及下部區域則是字母「b、d、f、g、h、j、k、l、p、q、t和y」在上或在下的部分，或是大寫字母的部分。許多幼童必須在習字簿上學寫字。這三個區域被四條水平線清楚地分開。不過，當他們的字體開始發展，通常都會有獨特的偏斜，與他們被教導的寫法不同。筆跡學家相信，這些偏差強烈地顯示一個人的個性。

他們說，上部區域，是智力與靈魂質量、野心和理想的區域。中央區域，表示個人的喜惡、合理性，及每日社交生活的適應性。下部區域透露本能及潛意識的衝動，以及書寫者的性徵和物質方面的興趣。

這三個區域很少是同樣大小的。當它們大小相同時，書寫看起來會顯得很單調、墨守成規。正規的筆跡，像是寫字課堂上非常整齊的筆跡，可能顯示筆跡被故意偽裝。不過，筆跡學家宣稱，不管和書寫者「自然」手寫的文字有多大的差異，獨特的特徵還是會無意識地背叛了書寫者。例如，如果一個人的右手受傷了，被迫得用左手寫字，他或她還是會漸漸地建立過去原本的書寫特徵。

無法明確揭露的兩項要素是年齡和性別。有些二十歲的人的筆跡看起來比六十歲的人還要成熟，而每個人

> 字母的組成，不論個別或者整體，在筆跡分析上都是無法掩飾的要素。

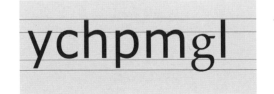

所有筆跡佔據三個區域。在習字簿上，這些區域都是被嚴格畫分的，但是隨著筆跡的發展，書寫者遠離了這種教學樣式。字體的變化絕對可以顯示一個人的個性。

一名因偽造罪被監禁的囚犯的信件。正好是拱廊式筆跡的例子，表示書寫人隱藏的個性；而寬大的「m」和「n」則表示，花言巧語時不會覺得不道德。

---

多少都有男性及女性的特徵，不論在身體上或心理上。

在考慮這三個區域的表徵後，筆跡學家繼續檢驗大量有關個人的徵兆。包括筆跡的大小及結構、外表的壓力及書寫的速度、字母的傾斜（不管基線是水平的、凹凸不平的或歪斜的），以及「外型水準」。

「外型水準」是筆跡外表可見的品質，並分成有條理、自發、原創、動力、協調及韻律。

邊緣的大小及規律很重要，像是字母、單字和行列間的空間。其他表徵則包括私人信件的結構，特別是大寫字母，和字母「I」；「t」的橫；「i」的點；字母轉彎處，及消失的部分；重音的標示；數字等。

如果有簽名的話，那特別重要。一個人的簽名儘管不會完全相同，但是基本上是一致的。相反地，兩個一模一樣的簽名就表示其中一個可能是偽造的。如果一個人的簽名和文章本文的樣式不同，就是書寫者個性不坦蕩的證據。

字母的組成，不論個別或者整體，在筆跡確認與比較上都是無法掩飾的要素。首先需要考慮的部分，就是全文的外觀：筆跡是有稜有角的、直線的、拱廊形的或如花環的。

有稜有角的筆跡是被良好控制，而且很明確。這表示精明、實際的本

性，傾向堅持己見，愛批評其他人，而且沒有幽默感。

直線的筆跡，和有稜有角的筆跡相反，字母被拉長，有時候難讀到無法分析它們的外型。這種筆跡揭露逃避和乖僻的個性，很有可能是聰明的機會主義者。

拱廊形的筆跡，字母「m」和「n」的上部特別圓。筆跡學家相信，這顯示了隱藏的天性，傾向拘泥形式，不愛談論私事。筆跡學家說，當「m」和「n」特別寬，而頂部平時，表示這個人不注重道德，可以在任何情境中說服別人。

花環形的筆跡很從容，且不拘泥於形式，反映書寫人的本性。和拱廊形相反，「h」、「n」和「m」的下半部很圓，圓到幾乎無法區分「n」和「u」的差別。

書寫時水平面保持一致，堅守底線，同樣也是有象徵意思。橫越紙張的直線，揭示書寫者的自我修養和良好的判斷。向上傾斜表示野心和樂觀；向下傾斜則表示悲觀及意氣消沉。基線成梯形，不規則的上上下下，表示心理混亂。

再來是各個字體。大寫字母最重要，因為這表示個人對自己重要性的評估。「書寫」大寫字母時，最後一筆若彎向自己，被認為是不誠實的表示。

When I left my home on Tuesday, October 25 I was very emotionally distraught. I didn't want to live anymore. I felt like things could never get any worse. When I left home, I was going to ride around a little while and then go to my mom's. As I rode and rode and rode, I felt even more anxiety coming upon me about not wanting to live. I felt I couldn't be a good mom anymore but I didn't want my children to grow up without a mom. I felt I had to end our lives to protect us all from any grief or harm. ████████████ I had never felt so lonely and so sad in my entire life. I was in love with someone very much, but he didn't love me and never would. I had a very difficult time accepting that. But I told him very much and I could see why he could never love me. When I was @ ████████ Long Lake, ████████ I had never felt so ███ and unsure as I did when. I wanted to end my life so bad and was in my car ready to go down that ramp into the water and I did go part way, but I stopped. I went again and stopped. I just got out of the car and stood by the car nervous wreck. Why was I feeling this way? Why was everything so bad in my life? I had no answers to these questions. I dropped to the lowest when I allowed my children to go down that ramp into the water without me. I took off running and screaming "Oh God! Oh God, NO!" What

蘇珊‧史密斯將她的車推到湖裡，殺死了兩個兒子。她的筆跡注重實際，但是不成熟。各個字母大小不一，顯示她不願勇敢面對她的行為。

而大寫字母中最重要的是「I」，因為這直接表現一個人的自我。例如，「I」寫得小，表示這個人缺乏自信；但將「I」寫得十分華麗，而且誇張的話，表示這個人想要成為眾所注目的焦點。如果「I」寫得只是簡單的向下一豎，表示這個人是有自信的、聰明而且神智健全；如果「I」寫得搖搖晃晃，或是斜向左邊，不論其樣式為何，都表示書寫者無法享受生命，可能對過去發生的事件感到罪惡，而且傾向說謊。

筆跡專家認為字母「i」直接反應一個人的自我。

另外兩個字母同樣也非常重要，因為它們打斷了書寫的連貫性；就是「i」和「t」。「i」這個點的位置和形式不僅容易辨認，而且依據筆跡學家的說法，它們揭露了許多書寫者的個性。當「i」的點寫在直豎的左邊時，這表示當書寫者在做決定時，非常小心、猶豫不決。如果在右邊，表示思考魯莽，而且注重實際。如果就在正上方的話，表示注重細節，但是沒什麼想像力。如果這個點與下一個字母相連的

書寫「t」字母的方法可以揭露許多書寫者的個性。謹慎書寫「t」的橫表示性格小心、井然有序。

話，表示智慧、適應的能力，以及事前計畫。

如果這個點寫得很重，通常表示悲觀或沮喪；相反地，若寫得很輕，可能表示缺乏趣味，或生命力低。當這個點很小而且特別瘦長時，表示性格過分敏感，很難取悅。若這個點非常大，急速向右，表示書寫者沒耐性，經常被迫做出迅速的決定。

如果這個點是弧形的，或者是一條水平的直線，表示有創造性，想像

力豐富。若這個點很尖，像是箭，表示生氣或悲痛。當這個點被畫成一個圓圈時（研究發現大部分是希望被她們熟識的人認為自己有所改變的年輕女性），有一種奇特的幽默感，表達書寫者展現自尊的欲望。

字母「t」的橫槓也很重要。如果與下一個字母相連，表示迅速、思考快速。當它快速傾向右邊時，表示活力及野心。但是若傾向左邊，表示不愛交際，而且十分謹慎。橫槓如果向下傾斜，可能表示壓抑憤怒；相反地，若向上傾斜，則表示樂觀及野心。

小心地將橫槓寫在直豎正中央，表示不切實際、空想的性格。

如果橫槓特別長，超過了一大部分，或者超過了整個字母，表示保護家庭及朋友的性格，但是同時也可能表示，對其他人擺出一副要人領情的態度。在結尾或開始時有一個小勾，表示頑固；但是如果橫槓往與書寫相反的方向回收，形成一個三角形，則表示侵略性及欲求不滿。最後，筆跡學家認為，倘若橫槓是向下一筆後向上的延續，表示這個人習慣說謊。

這些是筆跡學家在檢視筆跡時認為比較重要的部分。他們不僅可以確認兩個樣本出自同一人之手，還可以提供某種程度有關書寫者個性的資訊。

# 案例研究：
# 泰德・邦迪

雖然希歐多爾・羅伯・邦迪（Theodore Robert Bundy）出生於一個貧窮的家庭，但

邪惡的連續殺人犯泰德・邦迪。他在自己的手臂上纏繞石膏繃帶，並利用英俊、迷人的外表誘惑被害者幫助他。

泰德‧邦迪被捕後，他告訴一名偵探：「有時候我覺得自己好像是個吸血鬼。」他留在最後一名被害者屁股上的齒痕確認了他的身分。

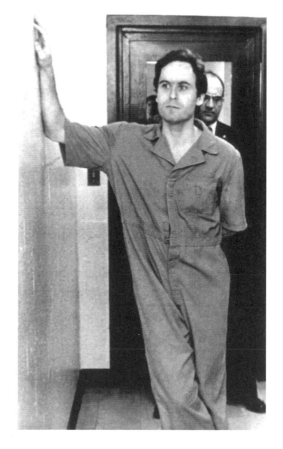

是接受過良好的教育。他以研究中文的獎學金進入史丹佛大學就讀，而且以心理學學士學位畢業。與他後來連續殺人犯的生涯相對照，諷刺的是，他曾受雇於西雅圖犯罪協會，擔任心理學助理。他長得很英俊，非常吸引女性，而且說話風趣；但是，他無法控制殺害她們的衝動。

1974年的前八個月，西雅圖地區的女大學生開始離奇失蹤，大約每個月就有一名失蹤。接著，失蹤事件突然停止。邦迪已經搬到鹽湖城，他在猶他州大學研讀法律。猶他州及附近科羅拉多州的女大學生開始失蹤。1975年8月，邦迪因為駕駛方式可疑被逮捕；在拘留期間，警方在他的車上發現一根頭髮，與一名在科羅拉多州被強姦、毆打的女屍頭髮相符。

邦迪被引渡至愛斯潘，被拘禁並等待謀殺案的審判。他迷惑了他的獄監和檢察官，並被允許拜訪附近的法律圖書館，以為他的辯護做準備。他在圖書館打開一扇窗，從距離地面二十英尺的高處跳下，然後逃脫。八天後，他又被逮捕，當時他躲藏在偏僻的山間小屋裡。1977年時，他在自己囚房裡的天花板上鑿了個洞，再度逃跑。

　　不到幾天，邦迪出現在佛羅里達州的首府塔拉哈西，假裝是佛羅里達州立大學的畢業生。1978年1月15日，他闖進「奇歐梅佳婦女聯誼會」，從一個房間跑到另一個房間，攻擊或強姦婦女，用木棒殺害了兩名女子，另外兩名則受重傷。在回到其住宿地的途中，他在一名女學生的床上強姦並殺害了她。

　　邦迪如果當時就離開佛羅里達，他大概永遠不會被懷疑。不過，2月9日，他綁架了一名十二歲的女孩，強姦並殺害她，他將她的屍體藏在一間空屋裡。2月14日晚上，他再度因為駕駛方式可疑被捕。就在這次，他的身分被確定。

　　他之所以會被送上法庭，是因為「奇歐梅佳婦女聯誼會」一位被害者屁股上的咬痕，和邦迪的牙齒相符。

　　邦迪利用自己對法律的知識提出一連串請求，他在死囚行刑前的監房裡等待十年，終於還是於1989年被處決。最後他承認犯下二十三起謀殺，儘管至少還有十五件謀殺案應該也是他所為。

## 邦迪的筆跡

　　頂尖的筆跡學家希拉·羅爾（Sheila Lowe，英國出生，現為加州一法院認可的筆跡分析專家）在她的著作《名人與

連續殺人犯泰德·邦迪寫的信件的一部分。巨大的人稱代名詞、擁擠的書寫形式，以及第一畫的尖銳，表示權力欲與控制欲。

惡名人的筆跡》（*Handwriting of the Famous and Infamous*, 2001）中概述了邦迪筆跡的分析。幾乎每一個字母的第一筆，都是被稱為「魚叉」的一長勾。它們在紙張的左邊緣尤其突出，羅爾說，這表示他對過去事件的憤怒與憎恨。她寫道：「遲滯、不正常的節奏，通常是罪犯筆跡的特徵。表示人格不完整。擁擠的空間安排，表示他無法保持清楚的觀點，了解什麼是適當的。」

在表示書寫者喜惡及社會關係的中央區域，羅爾提及此區寬度及單字空間的變動。她說，這表示他與其他人間的互動反覆無常。「『魚叉』出自不屬於它們的下部區域，表示無法忘記過去的輕蔑，不論是真實或想像的。它們起初都是隱密的，然後才憤怒地迅速進入中央區域。」

下部區域與性欲有關。此處筆畫異常地深，幾乎穿透了下一行的上部區域，表示性欲強。但是，同時這一區運動的節奏是遲滯的，羅爾說：「顫抖的筆畫表示邦迪在這一區的不安。」

相反地，上部區域（除了過大的「I」）相當狹窄，表示胸襟狹窄的態度，「不能接受任何新的或不同的事物」。在人稱代名詞上，「『母親』的上半部特別被強調，所以他對女性的觀點是不切實際的，而且沒有『父親』的形象來平衡它。」她做出結論：「空間擁擠、巨大的人稱代名詞以及第一畫的尖銳，表示權力與控制的需求。他的筆跡沒有那種有活力及樂意追求他所想要的東西的靈活節奏，所以，他會控制任何當前最容易被他控制的東西。」

## 案例研究：亞瑟・修克羅斯

1972年，二十六歲的亞瑟・修克羅斯（Arthur Shawcross）謀殺了紐約州瓦特鎮兩名幼童，一名男孩和一名女孩。因為被強姦的小女孩身上的鑑識證據已經被破壞，而小男孩的屍體直到被殺害六個月後才發現，所以謀殺審判大概會失敗，美國地方檢察官因此請求認罪協商。指控縮減為過失

超過四十歲、肥胖、頭髮灰白的亞瑟‧修克羅斯看起來不像是連續殺人犯。但是，在不到兩年內，他至少謀殺並殘忍地分屍了十一名紐約州羅契斯特市的妓女。

殺人罪，以交換自白。修克羅斯被判有期徒刑二十五年。

　　他被監禁十四年後獲假釋出獄，並定居於紐約的羅契斯特。在監獄度過十四年的他，頭髮已經灰白，身材肥胖，看起來不會再傷害任何人。不過，1988年3月至1990年1月間，他性攻擊、殺害，並殘忍地分屍了至少十一名當地妓女。直到警方的直昇機發現他返回最後一次的犯罪現場，修克羅斯才被捕，最後坦承犯罪。在他的審判上，他被判神智正常，十項謀殺罪名成立，以及一百二十五年監禁。

　　精神病學家理察‧克勞斯（Richard Kraus）詳細地研究本案。他們發現修克羅斯有XYY染色體，這種遺傳上的變態與暴力行為有關。他的尿液也顯示含有非常高的化學代謝物「cryptopyrrole」，通常不存在於人體內。克勞斯推論，這兩種因素讓修克羅斯成為「移動炸彈」，他無法控制內心的憤怒，並以暴力的方法宣洩他的情感。

　　修克羅斯在獄中寫的字條，評論有關XYY染色體，就筆跡學上而言充滿了矛盾。文本和簽名間的差異很明顯，表示受到壓抑、不光明正大的個性。

字條本身的內容大部分是用大寫字母寫的,除了字母「b」、「g」和「i」全都用小寫外。這顯示修克羅斯希望自己被清楚了解,害怕他正常的筆跡不易讀,這同時也顯示修克羅斯情感上的不成熟,及所知有限;然而與此同時,他又展現出大部分拼音都正確的複雜詞彙、大量閱讀的證據。單字寬闊及字母的距離,象徵個人要求私人空間的大小,顯示修克羅斯不願意建立親密的社會關係。

希拉‧羅爾曾經指出,修克羅斯筆跡最重要的部分,就是剛直死板。這是許多罪犯的特徵,因為他們被迫控制其暴力的衝動。她說,有些字母突然寫得比較大,或是突然跳出來,表示易衝動及反社會的行為。即便是通常被視為內在怒氣徵兆的向前歪斜的字母,也反覆無常,是乖僻、不負責任的象徵。

「g」環狀的部分深陷至下部區域,而本身又小又窄,表示修克羅斯性方面的挫敗。

希拉‧羅爾認為修克羅斯年幼時缺乏管教,所以圓形的動向太靠左。大力寫下大寫字母「I」,表示修克羅斯這個人堅持己見,使他極有可能使用暴力。他第四任妻子提出證據證明了這些事實。他內在的憤怒,同時也顯露在字母「i」沉重的一點上。

修克羅斯有XYY染色體;他在這封寫於監獄的信中討論他的變態與其犯罪個性有關的理論。

## 希特勒

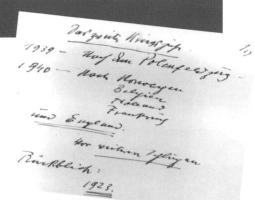

希拉‧羅爾分析了1933年至1945年德國獨裁者希特勒的筆跡。她宣稱角度的組合及筆畫連結的形式，表示他殘忍及易怒的天性。「渾濁的擠壓，證明他不協調的個性，主張獨裁的態度，以及缺乏寬容。」

就像希特勒的簽名，他的筆跡傾向由左上斜降至右下。這是沮喪與不樂觀的象徵；「沒有緩和其憤怒的幽默感。」她寫道。字母的組成很窄，表示害羞及壓抑。相反地，高大的大寫字母表示希特勒為自己的成就感到驕傲，而字母「i」沉重的一點，及在上部區域水平的寫法，表示他的脾氣暴躁。

沉重的擠壓及水平的擴張，表示當希特勒寫下這張字條時（當時納粹主導了全歐洲），他仍舊是個衝動的人，而且做決定時毫無耐心。

直線書寫的特質，顯示智商高，但是上部區域缺乏發展，則表示希特勒堅定地相信個人信念，無法忍受不同的意見。

希特勒的筆跡顯示他獨裁的態度以及缺乏寬容心。

# 案例研究：瑞士炸彈客

很少有筆跡學家試圖只以一個手寫的名字或地址建構一個剖繪。不過，1962年，瑞士頂尖的筆跡學家，蘇黎世的李森奧（M. Litsenow）同意嘗試，並獲得非凡的成功。

那年的6月和7月，五枚炸彈在盧森市爆炸，三枚在著名餐廳電梯裡引爆，造成五人受傷，及十萬瑞士法郎的損失。警方調查雷管的來源，結果指向一合法的武器業者，登記的負責人名叫「阿夫列德‧史班尼」（Afled Späni），而地址證明是假造的。

　　警方請求李森奧協助，他宣稱，簽名顯然是假冒的，因為它看起來並不是筆者從容、自發寫下的；而且他本來想寫阿爾夫列德（Alfred），卻不小心寫錯了。他說，筆者是名男性，智力中等，表現不良的學生，年齡約在二十歲至四十歲之間。他並不是專業的技師，他的性格不穩定，而且有自卑感，顯示他不太可能經常和大眾接觸。筆跡學家認為，他是沒有技術的臨時工人，像是倉庫管理員之類的，他外表看起來可能很普通，強壯、健康。

　　李森奧鑑於炸彈客的自卑感，表示炸彈客的目的是滿足別人覺得自己很重要的欲望。他的雙親可能酗酒，或者已經分居。他可能因為一些小事件與資方發生衝突而陷入困境，李森奧建議警方查詢社會福利機構的檔案。

　　基於李森奧的建議，警方訊問了六名嫌犯，排除之後只剩下一名最有

1962年，當五枚炸彈連續於瑞士盧森布爆炸時，警方追蹤雷管的來源，找到一家合法的業者。筆跡專家李森奧僅利用一個虛假的簽名，協助確認炸彈客的身分。

匿名者撰寫的小說《風起雲湧》於1998年時拍成電影,演員約翰·屈伏塔扮演總統候選人一角。唐·佛斯特教授在分析字彙的使用風格後,認為小說的作者就是喬伊·克萊恩。

嫌疑的。他是安頓·法德李區(Anton Fähndrich),二十歲的倉庫管理工。穿著普通,住在教堂旅館,最近才贏得兩次拳擊冠軍。他的筆跡和武器商登記的偽造簽名有許多相同的典型特徵,而在接受訊問時,他說雙親在多次因酗酒被逮捕後已經離婚。起初,他否認自己是炸彈客,但是最後終於認罪,他說這是因為「他必須報復這個社會」。

## 作者的屬性

另一個研究書寫的方法,幾乎與筆跡學相反,就是文本分析,探求特定的表達方式、措辭,甚至是個人特有的用語。

調查員使用文本分析確認嫌犯的身分,在案件變得冗長而棘手時,是非常重要的。如果不對嫌犯的訊息抱持懷疑態度,「假冒」的通訊(不論

是來自騙子或心理不正常的個人）可能誤導調查方向。

　　許多學術人員都曾經與發展這種文本分析有關。這幾年最有名的分析家之一，就是唐・佛斯特（Don Foster），一名美國學術人員，1996年時因為確認小說《風起雲湧》（*Primary Colors*）的作者就是《新聞週刊》的記者喬伊・克萊恩而一炮而紅。這本書是一本諷刺小說，將1992年總統候選人比爾・柯林頓的選舉小說化。它很快就成為暢銷書，而讀者吵鬧著要知道作者是誰。

　　瓦沙大學的教授佛斯特曾在《紐約時報》頭版刊登一篇文章，聲稱他確認一首詩（1612年出版的〈葬禮輓歌〉〔A Funeral Elegye〕）的作者是莎士比亞。現在，他則接受《紐約雜誌》的挑戰，說出小說《風起雲湧》的作者名字。

　　佛斯特已經花了十二年的時間尋找〈葬禮輓歌〉的作者，分析它的字

記者喬伊・克萊恩（左，以及藍燈書屋出版商哈樂德・伊凡斯）1996年在一場擁擠的記者會上承認自己就是《風起雲湧》的作者。

彙和結構。同時,他也快活地辨識有關他〈葬禮輓歌〉作者分析的匿名批評。雜誌社提供他三十五名可能是《風起雲湧》作者的記者的文章,他使用電腦進行研究工作,在許多異常用語的搜索後,他發現許多副詞、形容詞及奇怪的複合名詞,就是專欄作家喬伊·克萊恩的典型風格。

克萊恩自然否認自己就是這本書的作者,但是1996年7月,《華盛頓郵報》揭露了該書手稿上的註釋完全符合克萊恩的筆跡。不久,在出版商召開的記者會上,克萊恩穿戴假鼻子及假鬍子出席。脫下偽裝後,他宣布:「我的名字叫喬伊·克萊恩,我寫了《風起雲湧》。」

# 另一個瘋狂炸彈客

一件90年代的知名案件說明了文本分析的重要性。十七年來(從1978年到1995年),美國聯邦調查局致力於獵捕一名男子,因為他顯露出特別厭惡大學科學家的態度,而被稱為「大學炸彈客」(Unabomber)。起初,他製造的炸彈不過是惡作劇的裝置,但是後來炸彈變得越來越危險,造成三人死亡,二十九人受傷。

1987年至1993年間,並沒有爆炸事件發生,美國聯邦調查局開始猜測嫌犯入獄或住進精神療養院,甚至已經死亡。接著,1993年6月,他再度發動攻擊,自稱為「FC」;與喬治·米特斯基的簽名「FP」酷似,令警方頭痛。美國聯邦調查局困惑不解,並列出一份五萬名「可能」及六百名「極有可能」的嫌犯名單,甚至連唐·佛斯特教授的名字都在其中。1994年12月,追捕行動變得越來越緊急,現在「大學炸彈客」的炸彈裝置威力已經非常強大,一名新澤西州的廣告經理在家裡打開一個寄給他的包裹時被炸身亡。1995年4月,同樣的炸彈殺死了加州一名伐木業遊說者。

派翠克教授忽然想到,她未曾謀面的大伯和這些描述很相似,她的丈夫也有相同的懷疑。

1995年6月,一封「FC」寫的標題為〈工業社會及其未來〉的三千五

1993年6月23日，耶魯大學資訊科學系的助理教授大衛‧格藍恩特博士收到「大學炸彈客」寄來的包裹。包裹爆炸，炸斷他的右手，摧毀他一隻眼睛的視力及一隻耳朵的聽力。

百字宣言，寄到《紐約時代》雜誌社及《華盛頓郵報》。

　　在法國度假的美國哲學教授琳達‧派翠克（Linda Patrik）閱讀了一篇有關該文件的報導（她碰巧與泰德‧卡辛斯基〔Ted Kaczynski〕的弟弟大衛結為連理）。據說美國聯邦調查局正在尋找一名芝加哥在地人，與鹽湖城及北加州有關連；喜愛孤獨，有木工經驗，知道炸彈的知識，而且深深地怨恨現代科技。派翠克教授突然想到她未曾謀面的大伯與這些描述非常相近，當她丈夫在巴黎與她相會後，也有同樣的懷疑。這對夫妻回到美國後，大衛得以比較泰德從他在蒙大拿州獨居小屋寄來的憤怒信函及報社宣言的內容。他不得不同意他妻子的想法：「大學炸彈客」就是他的兄弟。大衛‧卡辛斯基與警方聯絡。當美國聯邦調查局的探員突擊這間小屋，並逮捕卡辛斯基時，他們發現大量製造炸彈的證據，以及許多文件，包括冗

長的「自傳」，其中表達他所有的憤怒。

聯邦調查局始終跟隨著錯誤的方向。一名剖繪專家曾經推論，「大學炸彈客」出生於1957年至1962年之間，然而卡辛斯基出生於1942年。獵捕行動總共花費了五千萬美金，學校年鑑、大學員工及學生名錄的調查都只查到1970年為止。卡辛斯基1958年從高中畢業，曾經就讀於密西根大學及加州柏克萊大學，直到1969年，他放棄學術生涯，成為一名隱士。

佛斯特確認《風起雲湧》作者身分的表現吸引了美國聯邦調查局的注意，後來邀請他為檢方檢驗以泰德‧卡辛斯基文章證明他就是「大學炸彈客」的證據的可接受性。當然，佛斯特對「大學炸彈客」的文本分析許多都是後見之明，不過，他正確地發現卡辛斯基最喜歡閱讀題材的證據，並建議警方，這使得美國聯邦調查局得以確認卡辛斯基曾經拜訪過北加州的圖書館，甚至掌握他在哪天借了哪本特定的書籍。

佛斯特後續在其他案件中提供警方建議，不過他要求警方不要公開他的研究結果。而且不幸地，他撤回莎士比亞就是〈葬禮輓歌〉一詩作者的聲明。

# 心理語言學

心理語言學家是正規的科學家，他們研究人類如何學習與其他人溝通、發展中幼童與生俱來理解句子結構規則的方法，以及語言的結構。最近幾年，美國聯邦調查局對這個主題的分支顯露出特別的興趣：分析「未知或身分不明者」語言的使用，並將之理論化；這與文本分析非常不同，而且有助於分析其行為剖繪。

如同一份張貼於美國聯邦調查局執法布告欄的文章所寫的：「我們經常忽視或未充分利用存在於嫌犯使用語言中的行為。嫌犯的文字或言語可以提供調查員大量資訊……兩者都可揭露一個人地理上的來源；種族、民族；年齡；性別；職業、教育程度，以及信仰傾向或家世背景。」

「大學炸彈客」，隱士泰德·卡辛斯基，在被他的弟弟大衛及大衛的妻子琳達·派翠克認出他的書寫風格後，最後終於在蒙大拿州的偏僻小屋裡被逮捕。

## 虛假的指控

　　一名女子聲稱收到七封恐嚇信（最後一封暗示要強姦她），並指名兩名男子可能必須為此負責；美國聯邦調查局尋求專家協助。行為科學分析師起初將注意力放在這兩名男子中哪一人較可能有此行為，但是他們很快就發現，這些信件可能都出自女子之手。他們詢問警方調查員，這名女子最近是否遭遇壓力極為沉重的事件，並得知她曾經與一名地方員警有曖昧關係，當他回到自己妻子身邊後的第四天，這些信件就寄來了；當他得知恐嚇信後，又離開他的妻子，回到「被害者」身邊。撰寫這些信件背後的動機是很明顯的，而美國聯邦調查局也還兩名嫌犯清白。

　　此外，精神病學家及心理學家最近都確認語言的特徵與人格特徵有關，像是衝動、焦慮、沮喪、偏執或是有權力欲或控制欲。美國聯邦調查局最近完成了一份調查，是有關暴力威脅語言的使用與實際施行暴力的風險。其他研究則應用於自殺留言的檢驗，判定究竟真的是自殺，或者事實上是他殺。

　　例如，一份論文就說明，即使是地域上非常小的差異，都可以察覺字彙使用上的差異：「在賓州，當費城人想要一杯含氣泡的冷飲時，他們傾向使用『蘇打水』（soda），而來自匹茲堡的人則傾向使用『氣泡水』（pop）。」

　　研究顯示男性和女性的語言模式有點不同。女性比較可能使用不確定的表達方式，像是「看來好像」或者「我認為我應該有」。她們的語言充滿情感的表達，像是「我覺得被迫」或者「我希望」，並大量使用像是「如此」（so）和「非常」（such）的用語：「這是如此令人作嘔」、「我覺得非常滿足」。

# 案例研究：關鍵的留言

　　1996年12月26日，早上六點前不久，科羅拉多州的派西・蘭西（Patsy Ramsey）打電話給波爾德派出所，報案說她六歲的女兒瓊班尼特被綁架

了。派西說她在樓梯下發現一張要求贖金的留言。這個留言共有三張紙，聲稱來自「一個外地的小團體」，要求十一萬八千美元的贖金，屬名「S.B.T.C.」。雖然字條上恐嚇：「如果你告訴任何人這件

> 「給我兩行這個男人寫的東西，我就可以抓到他。」十七世紀法國樞密院首席大臣黎希留公爵如是說。

事……你的女兒就會被斬首。」但是蘭西太太不僅打電話報警，還打了幾通電話給朋友及一名地方牧師，兩名警察抵達後不久，這些人也都來了。

警方大致搜索了這間房舍。沒有人闖入的跡象，附近的雪地上沒有腳印，除了他們自己及這家人訪客的之外。這張字條還寫道，將於早上八點至十點之間打電話過來，指示如何支付贖金的細節。

到了下午一點，都沒有電話打來，負責的探員下令徹底搜查房宅。瓊班尼特的父親約翰·蘭西立刻走到地下室的酒窖裡，幾分鐘後抱著他女兒的屍體出現。

謀殺案發生在屋內，而且完全沒有他人闖入的跡象，警方自然懷疑女孩的雙親就是凶手。當警察發現贖金的字條是寫在房屋裡的便條紙上，而所用的紅色簽字筆也被發現後，他們更加懷疑凶手就是蘭西夫婦。他們同時也發現「練習字條」和蘭西太太交給他們的字條很像。

蘭西夫婦堅稱他們是無辜的。他們是對富裕的夫婦，有能力雇用最好的律師及鑑識專家；波爾德的大陪審團在將近一年後仍舊無法做出決定。然而，科羅拉多州的警長比爾·伊凡斯（Bill Evans）則宣稱蘭西夫婦「被懷疑為嫌犯」。

「贖金的留言」自然成為詳細研究的焦點。佛斯特起初負責協助約翰及派西·蘭西，後來於1997年1月，他則成為波爾德警方的顧問。在他的著作《瓊班尼特：蘭西謀殺案調查內幕》（*JonBenét: Inside the Ramsey Murder Investigation*）中，前波爾德的探員史蒂芬·湯瑪斯（Steve Thomas）記述道：「佛斯特剖析贖金的字條，解釋其語言的使用非常聰明、機智；而且顯示有人在說謊。

六歲的選美公主瓊班尼特・蘭西的謀殺案迄今未破案。她的父親在家中的酒窖裡發現她的屍體。警方初步調查後一無所獲。

「在研究蘭西夫人的文件後，佛斯特認為，與贖金留言『完全相符』，像是她強烈傾向發明首字字母縮寫、拼音的習慣、首行縮排、頭韻的使用、隱喻、文法、字彙、經常使用驚嘆號，甚至書寫在紙張上的格式。」

心理語言學家安德魯・哈根斯博士（Andrew G. Hodges），在他的著作《誰為瓊班尼特說說話？》（*Who Will speak for JonBenét?*, 2000）中，更進一步分析他所謂的「思考指紋」。他主張人類的任何行為都有潛在的動機，有潛意識的明顯活動，而且會在每天日常的溝通中流露出來。他說，當我看到一個字時，我看到兩個意義，而不是一個。第二個意義是潛意識的訊息。哈根斯及兩名同僚提交了一份七十頁有關蘭西贖款留言分析的報告給波爾德警局。他們宣稱，凶手無法避免地以某種形式透露其身分，「贖款留言」顯示：

● 殺手是名女性。

● 不論誰寫了這張字條，都與謀殺案有關。

● 她的丈夫參與謀殺及事後掩飾。

● 她預期自己會被逮捕。

● 她的動機是憤怒及深沉的痛苦。

● 她詳細地說明什麼促使謀殺發生。

● 留言本身是心理動機引起的。

● 贖款的金額顯示這並不是真正的綁架案。

● 留言寫下前，被害者就已經死亡。

● 留言是直接目擊者寫的，而且不管是誰發現的，都應該「仔細聽著」——這句話重複了四次。

佛斯特在他的著作《作者不詳》（*Author Unknown*, 2002）中，避免評價任何他所分析的筆者的心理特質。然而，他特別說道，辛普森「自殺留言」裡的拼字是非常重要的。

據推測，辛普森打算寫的是：與他的妻子妮可「分居是痛苦的」（tough splitting up），但是他曾經「相互同意」（mutually agreed）分居是必須的；不過他實際上寫成：「戳刺她是痛苦的」（tough spitting），分居是「謀殺侵略的」（murtually agresd）。

三張贖金留言中的一張署名「S. B. T. C.」。瓊班尼特的母親派西・蘭西報案說，她在樓梯口發現了這些留言。紙條上寫道：「如果你告訴任何人這件事，像是警察、美國聯邦調查局，你的女兒就會被斬首。」

　　有些心理學家可能主張，「戳刺」及「謀殺」和「侵略」的筆誤，反應筆者的潛意識。

　　美國聯邦調查局現在已經將心理語言學的原則應用在網路和電腦犯罪上。雖然網際網路似乎提供了完全的匿名性，但是研究員發現，語言即使是以電腦編碼的形態出現，仍舊能夠提供確認電腦駭客及其他危險罪犯身分的線索。

## 洩密的聲音

　　錄音的辨識是非常主觀的。我們全都相信我們可以從電話上辨認親友的聲音，但是經驗告訴我們，其實我們時常認錯。電話線可能導致聲音失真，而如果錄製聲音的裝備有問題，更可能使得聲音無法辨識。當罪犯的錄音在收音機或電視上播送，以期有人能夠辨識出說話者的身分時，人們時常指名幾個不同的人，確信他們「知道這聲音」。警方同時也必須能夠分辨罪犯聲音真正的錄音，以及那些自認罪犯的騙子和心理不正常的人的

約翰和派西‧蘭西，瓊班尼特的雙親在美國有線電視新聞網《舉證責任》節目上力言他們是無辜的。

西約克郡的副警長喬治・歐德佛德（中央）聆聽一捲令人毛骨悚然的錄音帶，
當時人們誤以為那就是「約克郡開膛手」的錄音。

錄音。

　　語言學專家可以察覺不同地區重音的細微差別，以及句子結構的特
徵，並聲稱能在有限的地理或社會範圍內指出發聲者的身分。例如，在追
捕「約克郡開膛手」的行動中，專家在幾週的研究後，確定「開膛手錄音
帶」的聲音出自英格蘭東北部的小村落。其後這捲錄音帶被證明為不知名
的騙子所錄製。

　　不過，即使正確地辨識某個人的聲音，而使得警方得以逮捕嫌犯，它
也很少被接受為證據。因此，當「聲紋」（說話辨識技術），一個可以實
際向陪審團展示的技術於1967年被美國法院所接受時，鑑識科學家都感到
非常高興。

## 畫時代的案件

　　1965 年，洛杉磯瓦特斯發生暴動時，美國哥倫比亞廣播公司（CBS）訪問了一名年輕人。這名男子吹噓自己的縱火行為，但是以背部面向攝影機。後來警方逮捕了十八歲的嫌犯愛德華・李・金恩（Edward Lee King），並要求建立聲紋記錄的勞倫斯・克斯塔（Lawrence Kersta）比較電視錄音及金恩的聲音錄音。

　　在冗長的審判中，克斯塔作證說，這兩捲錄音的聲紋相同，金恩被判縱火罪。金恩以提供其聲音錄音帶構成自證己罪為由提起上訴。最後，美國聯邦最高法院裁定，美國憲法上不自證己罪的「基本權利」不適用於這種案件。

| 1965年8月18日，洛杉磯發生暴動時，濃煙籠罩市中心的瓦特斯區。

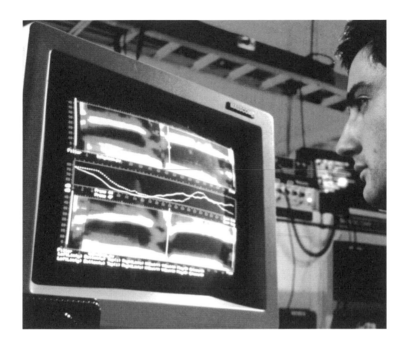

在電腦螢幕上比較聲紋。上下兩塊區域顯示，從電子聲波濾波器輸出的特別波形，中間的平面圖則是光譜的比較圖。

## 克斯塔的音頻圖

　　二次大戰時，美軍竊聽德國軍事無線通訊，必須能夠區別並辨識不同的擴音機。他們要求新澤西州貝爾電話實驗室的工程師研究建立錄製以及辨識特定聲音模式的電子方法。勞倫斯・克斯塔是負責此一任務的人員之一，他在戰後仍繼續他的研究。1963年，他終於完成一個錄製音高、音量、共振及人類發音的方法，即所謂的「音頻圖」。

　　人類的聲音仰賴兩個普遍的因素：一個是在喉嚨、胸腔及喉頭和聲帶運動時，口腔中形成的圓形腔中產生的共振；另一個更特殊，就是嘴唇、牙齒、舌頭、下巴等等器官的使用，它們確定了個別單字的發音。克斯塔寫道：「兩個人發音模式動態相同的機會微乎其微。從而，依據兩人不可能擁有相同聲腔範圍、發音模式的使用，而提出聲音模式是獨一無二的主張，幾乎足以支持聲紋辨識方法的正確性。」

克斯塔的音頻圖包含四個部分：高品質磁帶錄音、聲波濾波器、磁帶掃瞄磁鼓，及將錄音讀數刻在感應紙上的電子尖筆。這個輸出系統也可以顯示在螢幕上，或錄製在電腦上，以供更進一步的分析。

一個二·五秒的聲音樣本被錄製在錄音帶上，然後不斷輸入聲波濾波器。它漸進挑選頻帶，從低逐漸移至高，而電子尖筆則頻繁地記錄相對密度。最後的輸出，顯示由一個人聲音中所有頻率及強度形成的緊密相連的連線圖形。可以獲得兩種聲紋類型。

一種是橫紋，通常成為鑑識證據。水平長度表示錄製的時間長度；垂直則代表頻率，輸出的密集度則表示音量。第二種是等高線紋路，顯示聲音比較複雜的特徵，比較適合做電腦分析。

在建立聲紋理論的研究期間，克斯塔錄製了五萬人的聲音。儘管許多聲音在耳朵裡聽起來都一樣，但是「音頻圖」卻清楚地顯示了其中的差異。

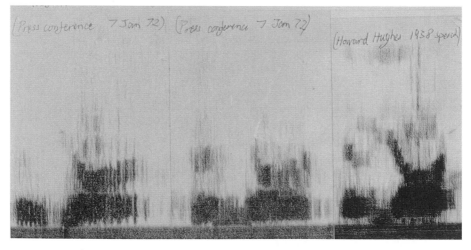

當柯利弗德·歐文偽造霍華·修斯的回憶錄時，這名古怪的百萬富翁打破十五年的沉默，從他位於巴哈馬的隱匿處打了一通兩小時的電話，譴責這本書「是一本想像出來的小說」。
勞倫斯·克斯塔檢驗這捲對話錄音，並將之與霍華·修斯三十多年前的說話錄音比對。他斷定電話上的聲音無疑出自霍華·修斯。

## 致命的盜獵者

1967年，聲紋在愛德華·李·金恩案被接受後，美國一些警察機關開始採用聲音辨識。密西根州的警方是第一個這麼做的。

1971年9月，威斯康辛州綠灣區的典獄長失蹤，隔天，他身中數彈且被分屍的屍體在一個淺穴裡被發現，他的頭則掉落在附近。

負責調查本案的警察馬文·格立克弗斯基（Marvin Gerlikovski）推論，殺人的動機是為了報復，並要求偵訊這名典獄長曾經逮捕過的人。

那些無法提供有力不在場證明的人被要求接受測謊器檢測。只有一人拒絕：布來恩·胡松（Brian Hussong），一個惡名昭彰的當地盜獵者。

格立克弗斯基取得法院的命令，讓他得以在胡松家裡的電話裝置竊聽器，錄製他的對話。錄音紀錄中，胡松八十三歲的奶奶向他確定槍已經藏好了。警方在搜索她家時發現了這把槍，彈道學家檢驗後確定這就是殺害典獄長的槍。

在胡松的審判上，他的奶奶否認知道這把槍的存在，不過，一位來自「密西根聲音辨識協會」的分析師提出聲紋作為證據，確認奶奶的聲音顯然與胡松的其他親戚不同。

迄今，美國合格聲紋檢驗專家已經處理超過五千件案件。這些案件包括謀殺、強姦、勒索、走私毒品、破門竊盜、炸彈恐嚇、恐怖份子、有組織的犯罪活動、政治貪污及逃稅。美國聯邦調查局聲稱其確認罪犯的錯誤率為百分之〇·三一，而沒有辨識出罪犯的錯誤率則為百分之〇·五三。

聲紋若要作為證據，就像指紋一樣，必須符合一套辨識的要求；目前還沒有統一的標準。美國國內稅收署要求聲音特徵至少有二十項是相符的，但是其他機關只要求十項或更多。截至目前為止，其他國家仍舊懷疑聲紋的證據價值，而且採用這項革新技術的腳步十分緩慢。

顯然，除非可以和已知的嫌犯聲音做比較，否則聲紋的用途不大。然而，專業的分析師時常可以結合直覺的心理剖繪技術，察覺聲音獨特的特徵，協助縮減調查範圍。

# 現代犯罪學理論

英國法庭心理學家保羅·布理頓描述自己是「人性拼圖者」。犯罪心理學的評估是集合各種線索，以建構整體人格的過程。

整個二十世紀，心理學家都在不斷探索犯罪人格的根由。儘管佛洛伊德《夢的解析》出版迄今，一個世紀已經過去了，今日暴力發展與性變態人格的心理學解釋，仍舊大部分根源於佛洛伊德的理論。

佛洛伊德學說非常注重家庭關係如何影響一個人建立家庭圈外的人際關係。例如，依據佛洛伊德的學說，所有男子都經歷鍾愛他們的父親，但同時又嫉妒父親與母親間的親密關係的衝突。如果母親過分溺愛，或者父親缺席，幼童就無法消除他們的嫉妒之心，最後產生憎恨女性的心理，並可能以攻擊她們表現出來。這確實是「女學生殺手」愛德蒙·坎柏殘忍謀殺女性的原因。

不過，佛洛伊德的理論並沒有考慮產生犯罪人格的其他諸多因素，包括現代心理學家所強調：早期童年的衝突會再度出現，成為典型的青少年反抗父母。如果家人沒有妥善處理，也會導致犯罪暴力行為。

德國精神分析學家愛立克·艾瑞克森（Eric Erikson）以佛洛伊德的學說為基礎做擴張。年輕時，他遇到了佛洛伊德的女兒安娜，她鼓勵他在「維也納精神病學協會」研讀兒童精神病學分析。

1933年，他移居美國，在耶魯大學及哈佛大學教書，同時研究社會與文化對美國原住民幼童的影響。他的第一本書出

版於1950年，書名是《童年與社會》（*Childhood and Society*）。在這本書中，他將「認同危機」的概念，即個人認同感於成長時隨之產生的衝突，向前更推一步。艾瑞克森將人的一生分為八個階段，必須在每個階段解決人與人之間的危機：

一、嬰兒期（口腔期），從出生到十二至十八個月。餵哺嬰兒，使他與看護者產生鍾愛、信任的關係，或是不信任的關係。

二、幼兒期（肛門期），從十八個月到三歲。嬰孩的活力主要花在獲得身體的技巧，像是走路和大小便控制。如果處理不當，可能產生羞恥感和懷疑心。

三、學齡前期，從三歲到六歲。孩童變得越來越獨立，如果侵略行為沒有受到控制，罪惡感就會產生。

四、學齡期，從六歲到十二歲。孩童進學校，必須掌握新技巧，否則會感到自卑不如人，或失敗。

五、青春期，從十二歲到十八歲。困惑的時期。青少年必須獲得性別角色、工作、政治及信仰的認同感。

六、成年期，從十九歲到四十歲。親密關係應該在這段時期發展。如果沒有，疏離感就會產生。

七、中年期，從四十歲至六十五歲。創造力衰退，停滯來

德國出生的分析學家愛立克‧艾瑞克森，從研究社會與文化對幼童發展的影響開始。在他的研究中，他提出了人生八大「認同危機」出現的階段。

臨。成人必須找到一些方法與新世
代產生聯繫。

八、老年期，從六十五歲到
死亡。這段時期是一個人與絕望對
抗，和建立成就感的時期。

每個危機階段顯然都由負面
要素區分：不信任、羞恥與懷疑、
罪惡感、自卑感、疑惑、疏離、停
滯，及絕望。

雖然艾瑞克森的人生八大階段
理論曾經被批評，但是很明顯地，
他確認了一個人一生中，不論是發
展階段或成熟階段的關鍵時點，當
認同感出問題時，就可能產生反社
會行為，或是精神錯亂。尤其在第
三階段至第五階段，如果認同危機

心理學家及諾貝爾獎得主巴夫洛夫，
他領導了行為心理學的發展。

特別嚴重的話，最有可能產生犯罪病理學上的人格。

一個例子就是所謂的「邁克多納三元素」。邁克多納是一名美國心
理學家，他認為可以從三個漸進的童年特性辨認出發展中的精神病患：尿
床、縱火，及虐待動物。

儘管時常可以從連續殺人犯的歷史追溯到這些行為，大部分犯罪心理
學家都不支持邁克多納普遍化的理論；這是從個別推論到普遍正確性的爭
論的明顯例子。

# 制約的行為

與佛洛伊德理論完全相反的，就是「學習理論學家」，最重要的一

位學者就是美國的實驗心理學家史金納（B. F. Skinner, 1904-1990）。他認為一個人的行為發展，是從經驗行為的結果中學習。史金納主要的實驗對象是動物，特別是鴿子，因為人類可以透過特定的刺激訓練牠們以特定方式反應。事實上，這是俄羅斯心理學家及諾貝爾獎得主巴夫洛夫（Ivan Pavlov）二十世紀早期研究的延續實驗。

　　史金納發展出「史金納箱」，裡面裝了一個控制桿和燈泡。放在箱子裡的動物很快就學會，如果在燈泡亮時按控制桿，就會獲得食物的獎賞。由此及其他觀察出發，史金納繼續將「操作制約」的原則適用在人類上。我們學會重複「被強化」的行為，取代使我們痛苦的行為。不過，史金納實驗的動物受到的刺激範圍有限，而牠們被強化的獎賞一樣有限。人類能夠從廣泛的經驗中獲得滿足。但是，在幼年初期過後，很少人的行為僅能以獎賞和懲罰形塑。監獄裡大量的累犯就是明顯的例子。

　　然而，罪犯確實從他們的經驗中學習，不過很少是制約反應的結果，而比較是推理的結果。初犯者可能是利用當前的機會，就像幼童抓取玩具（或者鴿子突然獲得穀粒的獎賞）。不過，當他變得越來越有經驗後，他開始

史金納的學說認為，一個人的行為是從該行為的結果學習，而被「制約」（改變和發展）。

右圖／史金納不斷以鴿子做他的制約實驗。他發展出「史金納箱」，在裡面，鳥兒漸漸學會，在燈亮時按控制桿，牠們就會獲得穀物的獎賞。

以抽象的觀點看待自己的犯罪行為，並發展對其結果及含意的了解。

　　「密爾瓦基食人魔」（Milwaukee Cannibal）傑佛瑞・達瑪（Jeffrey Dahmer）在完全沒有計畫，甚至沒有預謀的情況下，犯下了他第一起謀殺案，但是他不久後便發展出一套尋找被害者，及在殺害他們前下毒的技巧。大衛・坎特曾經將這種計畫稱為「犯罪計算法」。

## 案例研究：傑佛瑞・達瑪

　　傑佛瑞・達瑪，1960年出生於密爾瓦基市，從十歲開始就用死掉的動物「做實驗」。他斬掉齧齒動物的頭、漂白雞骨、把狗的頭掛在棍子上。1978年時，他自己一個人住，他的雙親已經分居並離開，他搭載一

名攔便車的旅行者史蒂芬‧希克斯（Steven Hicks），並帶他回家喝酒、「談笑」。當希克斯說要離開時，他拿起啞鈴敲碎他的頭蓋骨，綑綁他，分屍，然後掩埋屍塊。十三年後，他從一張照片中認出希克斯，他告訴警方：「你永遠都會記得你的第一次。」

達瑪似乎被第一次的殺戮給嚇壞了，因而回復某種程度的正常。後來在大學裡工作了一陣子後，他與美軍簽約受聘六年，但是不到兩年就因為酗酒而被解雇。1982年，他搬到祖母在密爾瓦基市公寓的地下室，先在血漿工廠工作，後來又到巧克力工廠工作。他繼續嚴重的酗酒行為，以及「死亡動物的實驗」。

1987年9月至1988年3月，密爾瓦基市三名年輕男子無緣無故消失。達瑪從同志酒吧中將他們引誘至他祖母的地下室，給他們下毒，然後分屍。

那年9月，他「實驗」活動產生的惡臭讓他祖母受不了。她要求他離開，他因而搬到市中心骯髒的公寓。

搬家後的第一天，達瑪帶了一名寮國男孩到他的公寓，給他吃安眠藥，並試圖引誘他。這名男孩逃跑後報警，達瑪被控性侵害。交保後，等待判決期間，他謀害了第五名被害者。他留下他的頭，將頭骨的肉煮熟，然後在骨頭上塗鴉。他因性侵害案被判一年監禁，五年緩刑。1990年初，他被釋放，很快就繼續進行他的殺戮生涯。

傑佛瑞‧達瑪，「密爾瓦基食人魔」，自承殺害十七名男性及男孩。他保存了許多頭蓋骨，並割下受害者的頭部，宣稱曾經吃過至少一位被害者的肉。

1990年6月至1991年5月間，他又殺了七名被害者，年齡介於十八歲至三十一歲之間，而且他保存了所有的頭蓋骨。

達瑪的第十三個被害者，幾乎就是最後一個。他誘拐了一個十四歲的男孩到他的公寓裡，說服他穿自己的內衣，並給他拍照。然後達瑪給男孩下毒。這名男孩失去意識後，他決定溜出去買酒。當他回來時，他發現半裸、昏眩的男孩站在街上，試圖與兩位警察交談。達瑪告訴警察，這個男孩是他十九歲的愛人，而且喝醉了，並說服警察讓

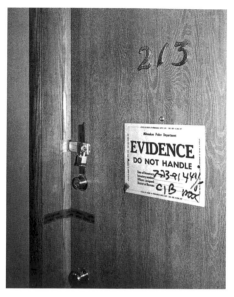

傑佛瑞・達瑪的公寓裡因為至少放置了九具年輕男子的屍體而散發陣陣惡臭。

他將他的「愛人」帶回公寓。他在公寓裡勒死了這名男孩，照了更多張相片。

達瑪僥倖脫險後，他在芝加哥找到兩名被害者，勸他們和他一起回密爾瓦基市拍照。他將他們的頭顱冰在冷凍庫裡，屍體則放在一大桶酸裡。1991年7月的四天裡，他以相同的手法謀害了另外兩名被害者。接著，7月22日，一名男子左手擺盪著手銬，衝向兩名在巡邏車內的警察，說他剛從一個想要殺害他的「怪異花花公子」手裡逃出來。他帶著警察回到公寓；這就是達瑪殺人生涯的終結。

警方發現許多拍立得拍的照片：被分屍的屍塊、頭蓋骨以及一副掛在淋浴間的骨骸。打開冷凍庫，他們驚愕地發現四個人類的頭顱。達瑪被逮捕後，自認殺害十七名男孩及男子。淋浴間的骨骸是他的第八個被害者。他聲稱自己曾吃過幾名被害者的肉，並佐以鹽巴、胡椒和A-1調味醬。

在審判上，達瑪被判十五項謀殺罪成立，及十五個死刑，加上因為是

在達瑪的審判上，他請求「有罪但精神失常」。1992年，陪審團裁定他精神正常，必須為他的行為負責，法院判處他十五個死刑。

慣犯，被判處一百五十年監禁。三年後，他被監獄裡的獄友謀殺，當時是1994年11月。

心理學家們曾經爭論造成達瑪精神病的原因。大部分心理學家都同意，他童年的家庭生活導致他如此。他的雙親曾激烈地爭執，最後分開，留下他獨自一人。一個同學描述他十六歲時的情形：「他迷失了。他似乎試著大聲呼叫求救，但是根本沒有人注意他……他會帶著一杯蘇格蘭威士忌進教室。如果一個十六歲學生早上八點時在教室裡喝酒，這不是在尋求外界的幫助是什麼？」其他人則認為，他八歲時被鄰居的兒子性騷擾，導致他日後的犯罪行為。

進行審判時，達瑪請求「有罪但精神錯亂」，這在威斯康辛州是被接受的。當時羅伯特‧雷斯勒已經是一名獨立顧問，同意為被告出庭，並訪問了達瑪兩天。

他後來寫道：「達瑪就和其他我所遇到的連續殺人犯一樣，坦率且合作，然而他並不明白自己為何會犯下這些殘酷的罪行，雖然他知道自己曾做過這些事……這名飽受痛苦的男子，在犯罪時絕不是神智正常的。」

## 艾森克的理論

英國心理學家漢斯‧艾森克（Hans Eysenck）於1950年時，擴張榮格

區分外向人格與內向人格的二分理論。榮格想像一個從外向性到內向性連續擴張的刻度尺，並認為每個人都可以被安置在這個刻度尺上。

艾森克提出每個人的性格都有兩個面向：一個範圍從外向性到內向性，另一個則從穩定到不穩定。這可以用一個菱形圖表將之視覺化。在其中兩側，刻度尺從穩定跑到外向，從外向跑到不穩定；另外兩側則從穩定跑到內向，從內向跑到不穩定。

這個菱形的四邊，分別以五百年前就已經提出的四種人格命名：

● 穩定至外向：樂觀
● 外向至不穩定：暴躁
● 穩定至內向：鎮定
● 內向至不穩定：憂鬱

英國心理學家漢斯・艾森克，他將犯罪人格視為遺傳及環境因素的結合體。

　　大部分人都介於其中一個範圍的中間。樂觀型的人有領袖特質,非常有活力、個性隨和、健談、善社交。暴躁型的人傾向不穩定,衝動、容易激動、具有侵略性、坐立不安,而且很容易生氣。鎮定型的人,冷靜、性情平和、考慮周到,但是內向的傾向使他們變得過度小心、消極。憂鬱型的人傾向不穩定,缺乏社交能力、悲觀、堅持己見、焦慮、喜怒無常。因此,不穩定的個性屬於高暴躁型或憂鬱型。

　　艾森克曾經遭受強烈的批評,大部分是因為他的理論奠基在假設上,雖然他聲稱這個假設已經經過實驗而建立:基因、遺傳將影響一個人學習的能力,尤其是他們回應外在環境的能力。他同時也假設,如果考慮到獲得最大快樂與最小痛苦,犯罪可能是某些人自然、合理的選擇。因此,他認為犯罪人格是遺傳因素與環境因素的結合體。

　　艾森克後來被迫提出人格的第三個面向,所謂的「精神病質」:傾向孤獨、殘忍,尋求感官刺激的人類。這個面向如何配合外向－內向、穩定－不穩定的菱形並不清楚,但是艾森克將之與犯罪連結。現在有些研究(包括有關犯罪的或非關犯罪的)支持他的理論。罪犯只屬於不穩定外向及不穩定精神病外向型。沒有一個罪犯屬於穩定內向型。不論是不是罪犯都有可能是不穩定內向型和穩定外向型。

艾森克後來做出結論,認為如果考慮到獲得最大快樂與最小痛苦,犯罪可能是某些人自然、合理的選擇。

這張圖表顯示艾森克人格類型的範圍。大部分人都可以被置在這個菱形四邊的其中一個點上。

# 生物因素

荷爾蒙是化學使者，它們透過分泌腺及神經細胞藏匿在血流裡。它們攜帶的訊息管制特定器官或組織的功能；在這個過程中，它們可能會影響人類行為。在過去半個世紀中，研究人員的焦點主要都放在體內性荷爾蒙不平衡是否與犯罪有關的研究上。

研究顯示，睪丸素與攻擊、反社會的犯罪有關，像是強姦、謀殺等等。睪丸素的量在青少年期及二十歲初期達到高峰，這也是犯罪率最高的時期。

我們也知道，控制情感，像是狂怒、愛恨、嫉妒及信仰狂熱的腦部邊緣系統可能受睪丸素影響。不過，雖然大部分暴力強姦犯的睪丸素都偏高，但是並沒有研究證明犯罪行為與性荷爾蒙素分泌的多寡有直接相關。

腎上腺素是另一個重要的荷爾蒙。它提高血液的流速、增強肌肉的力量，並增加呼吸的速度與深度，讓身體準備「戰鬥、戰鬥、戰鬥」，進入一種稱為「皮質覺醒」的狀態。

這就是「測謊器」測量的東西，因為大部分人都害怕說謊被揭穿。

科學家發現，皮質覺醒低的人，通常具侵犯性。當因痛苦而受到威脅時，罪犯顯現的壓力及「皮質覺醒」比一般人小。一群研究小組發現，有些罪犯，尤其是暴力罪犯，需要比非罪犯較強的刺激才能使他們激動，而且緩慢地恢復到正常的程度。他們將快速恢復的能力與從不愉快的刺激中（例如懲罰）學習的能力連結，並假設罪犯比較沒有從負面或消極刺激中學習可被接受行為的能力。

研究人員同時也研究營養不良、不均衡對行為的影響。例如，一份最近的研究指出，一群囚犯食用經過特殊設計的飲食，其中大量增加維他命的攝取，結果他們的行為大有進展。

血糖量被證明與1989年一件謀殺案有重大關係。一名男子刺殺他的妻子後企圖割腕自殺；他後來被裁定患有失憶症。謀殺發生前兩個月，他減肥過度，拒絕進食糖、麵包、馬鈴薯及油炸品，但是謀殺他妻子的那天早晨，他喝了兩杯威士忌。

在審判上，醫學專家作證說，他罹患低血糖症（hypoglycemia）；體內血糖反常地低。他們說這足以損害他腦部正常的功能，本質上降低了他的責任感，「甚至讓他成為一個機器人」。陪審團裁定他無罪。

# 罪犯人格

多年來，心理學家不斷尋找評估與定義各種人類人格，並建立正常標準的方法。同時，一群研究小組則致力於是否可以普遍化「正常的」犯罪人格，以及整體而言，其與一般人的差異有多大。研究人員比較已知罪犯和那些被視為一般基準的非罪犯的人格測驗。

共有超過三十種不同的人格測驗，包括智商評估、自由聯想測驗、「羅夏克墨跡測驗」（受試者必須解釋一對稱墨跡內在的象徵意義）及「明尼蘇達多相個性測驗」。

## 「明尼蘇達多相個性測驗」分組結果

| 組別號碼 | 組別名稱 | 分數高時代表什麼 |
|---|---|---|
| 1. | 憂鬱症（Hs） | 累；無生氣；嗜睡；覺得生病 |
| 2. | 沮喪（D） | 嚴肅；沒有鬥志；不快樂；自我不滿足 |
| 3. | 歇斯底里（H） | 理想主義者；天真；說話清楚；具社交能力；在壓力下會感到生病；身心失調的狀況 |
| 4. | 精神病偏差（Pd） | 不法的；憤世嫉俗；具侵略性；自私 |
| 5. | 對異性的興趣模式（Mf） | 高分：敏感；低分：擁有性興趣模式 男性高分：紳士的；有學者風度的；女性的 女性高分：粗野；有野心 |
| 6. | 偏執（Pa） | 理想主義者；倔強，難以理解 低分：可以被社會接受 |
| 7. | 精神衰弱（Pt） | 依賴別人；有取悅別人的欲望；自卑；優柔寡斷；焦慮 |
| 8. | 精神分裂（Sc） | 消極；難相處；令人同情；缺乏社會禮節 |
| 9. | 輕躁（Ma） | 坦率；樂觀；果斷；不受習俗約束 |
| 10. | 社會內向性（Si） | 謙遜；害羞；靦腆 低分：可以被社會接受 |

「羅夏克墨跡測驗」並沒有固定的表現內容，是將一滴墨水滴在一張折疊紙上產生的。受試者必須回答他們從中「看到」了什麼，而心理學家將依據受試者的答案分析他們的人格。

## 檢測人格

「明尼蘇達多相個性測驗」發展於1950年代。這項測驗共有五百五十項陳述，受試者必須決定，當它們適用在自己身上時是真或是假；測驗中另設有交叉檢驗題，以檢測不真實的答案。

這項測驗被區分為十組，受試者在每一組都會得到一個分數；並沒有總分。這十個分數會標在圖表上，並以此分析受試者的個性。

第四組的精神病偏差（Pd）是設計來辨識青少年罪犯的，而1969年的一份研究也顯示，這一項設計時常可以用來鑑別罪犯與非罪犯。不過，那些曾經輟學（不論是不是青少年罪犯）的人精神病偏差的分數比其他人高，而有野心的年輕人、積極進取的專業者、有幹勁的商人、職業演員，以及那些曾經在狩獵中意外殺害他人的人，也呈現同樣的結果。一項更新近的研究（1993年）認為，結合第四組「精神病偏差」、第八組「精神分裂」與第九組「輕躁」的分數，比較能夠預估犯罪性，但是這種測驗的實用性仍舊遭受懷疑。

## 「人際成熟度」檢驗

另一種個性的測驗是「人際成熟度」，或所謂「I程度」檢驗，檢測個人的社交技巧，並依成熟度分為七度：

I-1：基本的自我認識，與沒有自我意識區分

I-2：人類與物體的區分

I-3：區別簡單的社會規則

I-4：意識到其他人的期望

I-5：有同理心及了解不同的角色

I-6：區別自己與社會的角色

I-7：完全意識到自己與他人間結合的過程

一個人如果達到完全的社會成熟，那麼他就已經通過艾瑞克森假設的早期認同危機。

1970年代的研究顯示，已經被定罪的犯罪者，就某種程度而言，在社交上不成熟，屬於第二、三、四等。

若屬於I-2等，表示這個人只關心自己的需要，沒有能力了解或預期其他人的反應。屬於這個等級的人被區分為「反社會、具攻擊性」（受挫時苛求別人或攻擊別人），以及「反社會、順從」（受挫時抱怨和沉默寡言）。

## 小丑殺手

約翰‧韋恩‧格西（John Wayne Gacy）喜歡在伊利諾州德斯普蘭內斯的慈善活動中扮演小丑，1980年他被判謀殺並分屍三十三名男孩和年輕女子。在監獄時，他請求籌畫他自己的喪禮，指明要吟唱聖歌，以及他想要的棺材樣式。

1988年6月，美國聯邦調查局在坎迪克學院舉行第一場國際殺人研討會，羅伯特‧雷斯勒安排愛德蒙‧坎柏及格西的閉路衛星專訪。坎柏對於他的罪刑很坦率，然而格西在九十分鐘的訪問內，都在試圖說服執法機關和觀眾他是無辜的，他們應該支持他。

1945年，十七歲的威廉‧赫爾倫斯在兩名婦女的公寓裡殺害了她們，接著綁架並分屍一名六歲女孩。在第二起謀殺中，他以口紅在牆上留了個訊息，「拜託在我殺害更多人前逮捕我吧，我無法控制自己。」他聲稱謀殺案是他體內另一個人所犯下的，他稱其為「喬治‧馬蒙」。

　　若屬於I-3等，表示這個人有一些意識到自己的行為會對其他人產生影響；將環境視為可以透過力量操控的東西；仰賴絕對的原則。他們被分為「消極遵奉習俗者」，也就是一味追隨當前的權力；和「文化遵奉習俗者」，也就是以特定違法團體作為行為榜樣；以及「反社會操作者」，也就是為了自身的目的企圖破壞當權者。

　　若屬於I-4等，表示這個人關心地位及尊重。他們模仿其他人的角色，可能認同英雄人物，並為自己建立一套可能產生不適任感的嚴格標準。

　　那些被認為「神經質」的人，可能會藉由犯罪行為的反應，抑制他們不適任的意識，或因為焦慮而產生的情緒異常。有些人則在家庭或個人危機發生時立刻反應出來。第四組人則以他們自己違法的信念維生。

　　「明尼蘇達多相個性測驗」及「人際成熟度檢驗」的結果，都顯示犯罪與自信、敵意、憎恨權力當局及精神病行為有明顯的關連。不過，使用這些測驗所做的研究都有一個固有的缺點：這些研究都以已經被定罪的罪犯和非罪犯做比較。「非罪犯」組是那些沒有被定罪的人，然而這些人中可能包括成功躲避逮捕與定罪的罪犯（布藍特‧特維也曾經提出異議）。

　　此外，有些在被定罪的罪犯身上發現的人格特質，可能不是出自他的

# 殺人犯統計

　　世界上的連續殺人犯有百分之七十六至八十出現在美國，其他大部分出現在歐洲。這個數字當然有疑點，因為俄羅斯、中東和亞洲很少提供報告。

　　美國最多的連續殺人犯來自加州、德州、紐約州、伊利諾州，佛羅里達州則緊接在後。相反地，夏威夷州、蒙大拿州、北達科塔州、德拉威爾州及佛蒙特州各只出現過一名連續殺人犯，緬因州則一個也沒有。

　　至於在歐洲，英國的連續殺人犯佔了百分之二十八，德國百分之二十七，法國百分之十三。

理查‧拉米利茲，洛杉磯的「夜行者」，1984年6月至1985年8月引起當地一陣恐慌。在審判上，他自豪地說：「我已經超越了善惡……魔王住在我們所有人的心裡。」

　　●世界上超過百分之九十的連續殺人犯是男性。

　　●百分之八十四的連續殺人犯是白人，百分之十六是黑人。

　　●百分之二十六從青少年期開始殺人，百分之四十四從二十幾歲開始，百分之二十四從三十幾歲開始。

　　●百分之八十六的殺人犯是異性戀者。

　　●百分之八十九的被害者是白人，百分之六十五的被害者是女性。

本性，或是從他童年制約中發展出來的，而是從他們被司法制度對待中出現的，幾乎可以確定這將產生憎恨權力當局的結果。

## 童年創傷

　　顯然，目前犯罪趨勢中最令人不安的就是連續殺人犯的增加，尤其是在美國。一群美國研究人員堅稱，可以從童年嚴重受虐或被忽視中發現原

現在心理學家同意，暴力犯罪可能是因為童年創傷引起的。最後，孩童學會以暴力方式回應虐待，將贏得別人的尊重和畏懼，因此發展出暴力就是與別人相處最佳之道的信念。

因，而幾乎所有心理學的理論都支持上述意見。他們主張，一個剛形成的胎兒會受到母親的酗酒或藥物濫用，甚至不想要孩子或不快樂的心理壓力影響。早期童年創傷形成的原因之一，是「解離性身分辨識疾患」，這是一種「創造的生存技巧」，兒童用來逃避身體虐待、性虐待和情感上虐待的方法。一位心理學家寫道：「當失常時，一個人將無法如同其他正常人般連結某些資訊。因此使得他的心理暫時逃離害怕與痛苦的經驗。

「有時候，這些過程可能會造成創傷記憶的中斷，並因此影響他的個人經歷及認同感，甚至使一個人的自我支離破碎。」

這個結論正好回應艾瑞克森認同危機的理論，即認同危機可以延伸至成年生活。早期保羅‧布理頓在建議警方如何偵訊保羅‧波斯塔克時，就使用這個理論說明。

這個主張是很有說服力的，儘管我們可能很難接受美國虐待兒童的程度如此高，以致於美國的連續殺人犯比其他國家高出甚多，佔了全世界超過四分之三的數量。但的確有些零碎的證據提出其他論點。例如，二十世紀早期，病態罪犯卡爾‧潘茲拉姆（Carl Panzram）於1930年在獄中寫道，他曾經謀殺二十一人，犯下許多破門竊盜、強盜、偷竊及縱火案。

　　然而他說：「我的家人全都是正常人。他們誠實，且辛勤工作。除了我以外。我從出生起，就是一個人形怪獸。從五、六歲，非常小的時候開始，我就是個小偷、騙子，是個非常卑鄙、脾氣暴躁的人。當我越來越大，我就變得越來越糟。」

　　既然缺乏其他令人說服的理論，就留給數字來說話吧。

　　美國犯罪學家羅尼・亞典（Lonnie Athens）廣泛地研究監獄裡的暴力罪犯，並建立一套他們共有的社會發展模式：一個發展的四階段，通常發生在他稱為「暴力化」的家庭內。他的理論大部分奠基於他自己的童年經驗上。

　　這四階段為：

　　一、殘酷。幼童因為暴力或暴力威脅，被迫屈服於一個具侵略性的權威人物。他目擊暴力如何使他的親人屈服，並從施暴者身上學會可以用暴力來解決問題。

　　二、交戰。孩童決定訴諸暴力，避免得繼續屈從於施暴者。

　　三、暴力表現。他的暴力反應成功，獲得他人的尊重及畏懼。

　　四、憎恨。因獲得成功而興奮，他認定連續暴力犯罪是與其他人相處的最好方法，他開始與其他也有相同想法的人結交。

## 治療的可能性

　　上述研究理論提出後，問題自然產生：有可能治療被定罪的罪犯，尤其是殺人犯和強姦犯嗎？就某種程度而言，可以確保當他們回到社會後不會再犯？或者，同樣重要的是，可能在早期便察覺到犯罪的可能性，以提早採取預防其繼續發展的措施？

　　不幸地，目前治療罪犯的心理學方法效果不彰。有太多暴力罪犯（愛德蒙・坎柏和亨利・李・魯卡司就是最好的例子）都曾經宣稱「被治癒」，但是又再犯，而且治療還時常促使他們再犯。

睪丸素含量過高，是引起強姦及其他性犯罪主要因素的假設，導致
1920及1930年代時，許多歐洲國家都合法化將性罪犯去勢的作法。儘管他
們執行了數以千計的去勢手術，但是並沒有證據證明他們降低、減少性攻
擊行為。

過去三十年，降低睪丸素影響的藥物開始施予在性罪犯身上，以取代
去勢。在有些案例中是有效的，但是必須投予極高的劑量，而且並沒有明
顯的治癒效果。

社會學家希望，兒童早期精神病傾向的發展可以被察覺、呈報，如
此一來，他們便得以取得官方授權，進行治療。不過，這將是一套極為廣
泛、昂貴的計畫，必須先克服如何獲得經費，以及司法單位是否接受的問
題，畢竟目前來自社會的阻礙仍舊很大。因此，現在似乎沒有察覺並阻止
犯罪人格發展的方法，除非它在犯罪行為中顯露出來；此時，剖繪專家便
發揮了功效。

從1985年開始，英國帕克赫斯特監獄的一個特別小組開始治療暴力罪犯。小
組裡的精神病學家描述自己的工作是「解開長期童年虐待的影響」。主張不要
使用鎮定劑，因為醫學研究顯示，鎮定劑將誘發暴力行為。

# 協商與偵訊

即使在罪犯的身分已經被確認後,犯罪剖繪專家對案件的終結仍舊貢獻甚大。危機協商尤其重要。美國聯邦調查局已經在華盛頓總部成立了一個操作中心(左圖),他們能同時處理五件危機事件。

　　罪犯被逮捕、審判、定罪、判刑前,任何犯罪案件都不算結束。截至目前為止,本書一直關注於如何透過分析罪犯的心理特徵,領導調查員確認未知或身分不明罪犯的身分。不過,在有些情境中,執法單位則已經與嫌犯聯繫,或者嫌犯的位置已經被確定(即使身分還沒確定),如綁架、劫持人質或自殺威脅的案例。在這些情況下,了解犯罪心理都是必要的。

　　美國聯邦調查局的探員哈沃德・特坦及派特・毛拉尼,開始在坎迪克學院教授犯罪心理分析後不久,他們就領悟到,類似的概念也可適用在劫持類型的案件。

　　哈沃德・特坦寫道:「1974年,派特・毛拉尼和我使用剖繪方法的原則,建立了一套人質協商計畫。」1974年至1975年間,毛拉尼使用這些新建立的原則,協商幾件劫持人質的案件。後來,他的方法被修正,並由美國聯邦調查局探員孔・海索(Con Hassel)及湯瑪斯・史特蘭茲(Thomas Strentz)延伸。

　　合格的剖繪專家、心理學顧問及精神病學顧問,在建議警方(或者在有些案例中則是保險公司的代表)最佳協商與偵訊之道時,扮演重要的角色。

　　事實上,在所有情況中,基本的策略都是一樣的:必須盡

2000年，「菲律賓穆斯林阿布薩亞夫游擊隊」在馬來西亞綁架了二十一名人質，他們被關在反抗軍位於森林的營部裡。反抗軍曾劫持超過七十名人質，包括兩名美國人：有些在幾個月後被釋放，但是有些則死亡。美國顧問說，菲律賓的部隊沒有有效地與反抗軍協商溝通。

量避免與敵方直接對質，應該試圖說服敵方，不論他是被逮捕的嫌犯、威脅要自殺的人、武裝佔領建築物的人、綁匪，或是恐怖份子，調查員都必須掌握他們最在意的要點。必須基於對犯罪心理的理解，建立信任與彼此有所共鳴的關係：這不僅能找到解決困境的方法，同時也可以藉由鎮定的討論，減輕對方突然因失望而訴諸暴力的舉動。

## 協商

　　警方或其他安全組織必須處理以暴力威脅自己或別人的情境，其範圍十分廣大；雖然這些情境在本質上可能非常不同。但是，如同美國聯邦調查局探員魏納・弗斯里爾（Dwayne Fuselier）和蓋瑞・諾斯納（Gary Noesner）在1990年的報告中指出：「它們都是犯罪行為。」而且每件案子的協商方式，基本上應該保持一致。原本稱為「人質協商」，現在已經由更廣義的用語「危機處理」取代。

美國特警隊正在喬治亞洲
的錫安山受訓。

# 《熱天午後》

紐約市布魯克林區，一間小銀行快打烊時，桑尼（艾爾·帕西諾飾）和他意志不堅的搭檔薩爾（約翰·卡塞爾飾）亮出他們的武器，宣布搶劫。但是，現金很少，警鈴又響了，這兩名搶匪劫持銀行職員作為人質，而銀行外擠滿了人群，警方的狙擊手已經各就各位，包圍整棟大樓，而莫瑞提警官（查理士·鄧寧飾）則必須盡可能維持情況冷靜。在炎熱的下午終於轉為傍晚時，受美國聯邦調查局探員雪爾頓（詹姆士·布羅德利克飾）指導的莫瑞提警官，開始以電話與桑尼進行協商；同時，銀行職員開始與搶劫犯建立某種程度的同理心，表達對他們困境的了解，甚至同情。披薩被送到銀行裡，最後警方終於同意綁匪，會用小型巴士把他們及人質帶到機場，在那裡待命的飛機將送他們出國。直到機場，美國聯邦調查局及警方才介入：薩爾意外地被近距離射死，而躲在小巴士一側的桑尼則突然明白，他的計畫都落空了。

艾爾·帕西諾在薛尼·盧梅執導的《熱天午後》扮演桑尼一角。《熱天午後》係改編自一紐約真實事件，並成為行為科學小組訓練協商員的重要課程內容之一。

　　在這些情況下，官方的自然反應是矛盾的：在暴力威脅的案件中，最早抵達現場的可能是武裝警察，接著是更極端的狙擊手或特警隊（SWAT）小組。這種「未經思考的」反應必須受到嚴厲的控制：任何明顯的身體反應，將無可避免地導致現場所有人（罪犯自己、人質，當然還有警方）陷入險境。

　　如何處理一個在高處威脅要向下跳的人的方法，也是一樣：不要立即試圖抓住他，而是以同情的態度和他討論他的困難和想要自殺的原因，逐漸建立彼此間的信賴。另外還有其他解決辦法；小心地暗中包圍現場，然後只在沒有其他解決方法之下，才突然抓住他的腳踝或手臂。即使在有大

量人質被一群武裝恐怖份子劫持的情境下，基本上也應該以相同的方式包圍現場，然後突然先發制人地發動攻擊。

美國聯邦調查局具體明確地發展人質協商技術，開始於1975年的行為科學小組，在羅伯特・雷斯勒的監督之下。五十名探員上了第一次課程，由派特・毛拉尼擔任資深講師，而紐約警察局法蘭克・波爾茲（Frank Bolz）及哈維・史羅斯堡（Harvey Schlossberg）則提供他們實際的經驗。約翰・道格拉斯寫道：「我們研究了一些在劫持人質事件中重要的現象，像是『斯德哥爾摩症候群』（Stockholm syndrome）。」紐約警察局的一件案例曾經被薛尼・盧梅（Sidney Lumet）拍成電影《熱天午後》（*Dog Day Afternoon*），由艾爾・帕西諾主演。此電影係根據1972年8月22日，紐約市發生的真實劫持人質事件所改編；一名男子企圖搶銀行，以支付他同性愛人變性手術的經費。這是美國聯邦調查局的課程內容之一。

1980年代，美國聯邦調查局實行一項現實模擬訓練計畫，有經驗的行為科學小組及「暴力罪犯逮捕計畫」操作員扮演人質劫持者。在這張照片中，羅伯特・雷斯勒（右）正假扮恐怖份子，依據典型的情節提出要求。

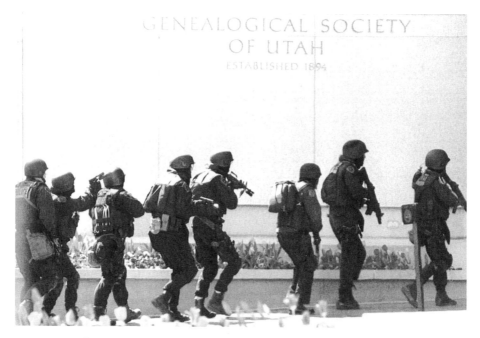

1990年，一名男子持槍闖入猶他州鹽湖城的「摩門教堂家譜圖書館」，並殺害了兩個人。在一場槍戰後，這名男子身亡。警方表示，他們不確定這名男子究竟是被射殺身亡，或是死於自我傷害。

　　派特・毛拉尼早期成功的案例是俄亥俄州華倫斯維爾海特斯的一件案子，當時一名診斷為妄想精神分裂者的男子柯里・摩爾（Cory Moore），在警局內挾持一位警察隊長及十七歲的祕書。這名持槍者要求所有白人立刻離開地球，而且他說希望可以和卡特總統討論此事。羅伯特・雷斯勒當時也在場，他接獲一通來自白宮新聞祕書的電話，宣布卡特總統願意和這名「恐怖份子」溝通。

　　但是，如同約翰・道格拉斯在《破案神探》（*Mindhunter*）寫道：「一旦你讓挾持者與他認為是決策者的人直接交談時，每個人都沒有退路；如果你不願意向歹徒妥協，就得冒著讓情況變得更糟的風險。能讓他們講得越久越好。」雷斯勒說謊，告訴白宮，劫持者無法接電話。毛拉尼因此得以在無人傷亡（及沒有總統介入）的情況下解決本案。他為摩爾召開記者

1997年4月，秘魯警方從被劫持的日本大使住處搶救出一名人質。至少有一名人質被殺害，所有劫持犯都在警方猛攻這棟建築時身亡。

招待會，讓他得以解釋自己的觀點，人質也獲得釋放。

危機處理小組現在已經是全世界執法單位很重要的一部分。通常包括兩名或更多裝備技師，精通電話及監視系統；而一群受過特別訓練的協商者則定期從進修課程中更新他們的技術。如果有必要的話，在後面支持他們的是一武裝「作戰小組」；但是，協商員強調，武裝小組的行蹤必須隱密，而且只有在所有方法都失敗時才可以動用他們。

## 武裝回應——最後手段

美國第一個特警隊，選自60及70年代剛從越戰返國，加入警力的退伍軍人。他們受有武器及攻擊策略的訓練，這些小組算是準軍事組織。美國聯邦調查局甚至連想都沒想過要使用特警隊。不幸地，這些小組許多

「熱心的」態度使他們違反作為「和平警察」的職責。他們在猛攻罪犯的藏匿處及拯救人質時使用狙擊手，甚至投擲手榴彈。許多罪犯被殺，但是也有許多警察身亡，人質也時常在槍戰中受傷。紐約警察局是第一個建立協商政策以面對這個問題的單位。美國聯邦調查局效法他們，從1970年代開始進行協商技巧的研究。

在《破案神探》中，約翰・道格拉斯特別舉出一個他們必須避免的例子。雅各・孔恩（Jacob Cohen）因為殺害一名芝加哥警察而被通緝，他被跟蹤至密爾瓦基市的一棟公寓大樓裡，他槍傷一名企圖接近他的美國聯邦調查局探員。一個新成立，相對沒有經驗的美國聯邦調查局特警隊包圍了這個地方，但是孔恩穿越這群特警，屁股中了兩槍。他抓了一個男孩，闖入一間有一個成年人和一個小孩的房子。現在他有三名人質。

憤怒升高。密爾瓦基市警方和美國聯邦調查局的彼此怨懟讓情勢變糟。孔恩逃跑讓特警隊非常生氣。孔恩正處於盛怒與劇烈疼痛中。芝加哥警方宣布他們也將加入逮捕嫌犯的行列，使得情況變得更複雜。

接著他們再度犯錯。第一，美國聯邦調查局的資深探員出現在現場，拿著擴音器大聲對孔恩高談闊論。他自願擔任人質，以交換幼童，並開始緩慢地開著車向房舍駛去。同時，美國聯邦調查局探員喬伊・德坎普（Joe DelCampo）則爬到屋頂上。孔恩手臂環繞著男孩的頭，走到屋外。突然，男孩跌倒了。同時，德坎普開火，孔恩倒下；但是沒有人知道到底是孔恩還是男孩被擊中。

很快地，所有人都開火了。美國聯邦調查局的車輛滿是彈痕，車內的探員和警察受傷，孔恩則被擊中超過三十槍。奇蹟似地，男孩活了下來，但是卻因為失去控制的美國聯邦調查局車輛輾過他而受傷。道格拉斯寫道：「但是，故事還沒有結束。警察幾乎痛毆德坎普，因為他奪去他們開槍的機會。」以上顯示沒有一套處理人質被挾持方法的狀況，並強烈說明美國聯邦調查局必須不間斷地研究危機處理的重要性。

# 對付恐怖份子

　　在二十世紀，「恐怖主義」這個名詞已經被濫用。如同美國聯邦調查局探員魏納・弗斯里爾和蓋瑞・諾斯納在他們1990年的報告中所指出的：「一般大眾和執法社群都已經接受恐怖主義的刻板印象，認為他們有特定的人格特徵，獻身、老練、奉獻及慣用的犯罪手法……『恐怖主義』與『恐怖份子』已經被媒體過分濫用，實際上它們已經不再是一個妥當的描述用語。」

　　美國聯邦調查局將恐怖主義定義為「非法使用武力或暴力，不利於個人或財產，脅迫政府、平民或任何單位，以達成其政治與社會目的」。弗斯里爾和諾斯納建議，應該使用較不情緒化的用語：「有計畫的政治／信

1972年9月，德國武裝警察包圍慕尼黑奧林匹克選手村，當時巴勒斯坦恐怖份子劫持了十一名以色列運動員。悲慘的終曲發生，所有人質身亡，導致德國重新評估特警隊的訓練。

1994年12月，阿爾及利亞基本教義者在馬賽的馬力尼克納機場劫持一架法國
航空的飛機。這張照片是乘客被安全護送出飛機，之前法國反恐菁英部隊才突
擊飛機，殺死四名劫機犯。

仰人質劫持者」。他們相信，「恐怖份子」應該與較常在危機處理中遇到
的罪犯和心理失常的人受到相同對待。執法官員在試圖與劫持人質的恐怖
份子協商時，面臨最大的問題就是，我們並不了解恐怖份子的動機，而將
恐怖份子視為「瘋狂的精神病患」的普羅觀點並沒有法律依據。的確，美
國國務院反恐辦公室的前副主任大衛·龍（David Long）就曾經斷定，恐
怖份子甚至沒有共通的人格類型。他寫道：「有關恐怖份子心理的比較研
究，從來不曾成功發現恐怖份子有特定的心理類型或心態。」

　　然而大衛·龍同意，恐怖組織的一般成員自尊較低，因此導致他們的
領袖通常都是很有魅力的人物。自尊這件事是很重要的。如同約翰·克萊頓
（John W. Crayton）在《透視恐怖主義》（*Perspectives on Terrorism*, 1983）
一書中所主張的，例如，在劫持的情境中，以斷糧侮辱恐怖份子會產生不
良的後果，因為「恐怖行動的根本原因便出自自尊低和羞辱感」。心理學
家羅娜·菲爾德（Rona Fields）研究恐怖份子心理已經有三十年，她說：

「他們對於是非對錯的定義是黑白分明的，而且受到權力高層指導。他們為自己思考的能力有限。」她發現他們很有可能在青少年時便被吸納，完全為盲目的報仇欲望所驅動——以牙還牙，以眼還眼——為他周遭受不公正與暴力所苦的人們報仇。

史蒂芬・摩根（Stephen J. Morgan）在其所著的《基本教義派恐怖份子的心智》（*The Mind of a Terrorist Fundamentalist*, 2001）一書中寫道：「像這樣的孩子……是充滿熱誠的殘廢，情感上畸形，除了虛假的正常人格軀殼外什麼也沒有……在他們體內則是一枚情感炸彈，多年來在滴答聲中度過，直到他們奉獻自己，殺害身邊所有人的時刻到來。」

# 人質協商訓練

從1977年至1980年代，一個徹底的恐怖份子攻擊及人質協商模擬計畫在美國一個偏遠的地方進行，他們試圖精煉行為科學小組最早提出的原則，並增進對劫持情境下心理壓力的了解。參與的人員包括來自美國聯邦調查局、美國中央情報局、美軍三角洲部隊以及英國空軍特搜隊的代表，及來自英國與其他國際組織的專家。在一些活動中，雷斯勒扮演恐怖份子首領的角色：「我們將劫持一群自願扮演重要角色的人，例如科學家或貴賓，把他們帶到偏遠的地方，像是滑雪場之類的。我們將使用真槍實彈，而且當我下令飛行員將我們帶離這個國家時，一名人員必須帶我們到最近的機場……這個模擬如此真實，以致於有些人質開始產生『斯德哥爾摩症候群』……」

在這些演練中，有些扮演協商員的人有時會抱怨雷斯勒的經驗讓他成為一個非常強大的敵手，因為他對各種心理協商技巧都很熟悉，而他們都還只是學習者而已。

# 斯德哥爾摩症候群

協商員在面臨劫持人質情境中時常遭遇的問題，就是人質對他們的挾持者產生同情，而且可能導致無法和平化解的結果。在1973年，一場將近六天的挾持中，四名瑞典銀行職員人質出現出人意表的反應，被一位社會學家稱為「斯德哥爾摩症候群」。類似個案詳細的心理學研究令行為學家不得不在人質協商訓練中加入這個新名詞。

在挾持發生初期，俘虜開始認同挾持他們的人。起初，這也許只是一種防衛的回應，基本上是根據如果他們樂意合作，而且明顯支持挾持者

## 聯邦研究局的報告

1988年，蓋達組織攻擊美國在肯亞首都奈洛比及坦尚尼亞首都達來薩蘭的大使館後，美國國家情報局委員會於1999年6月受聯邦研究局委託，提出「恐怖主義心理學及社會學」的研究報告。三個月後報告完成，該報告以分析師在定義國際恐怖主義威脅時所面臨的難題為例子。

前言允諾「建立外國恐怖份子的心理及社會剖繪，選擇一些團體作為案例研究，以評估趨勢、動機、可能的行為，以及可以威懾這種行為的行動，並揭露恐怖組織和個人的弱點，以協助打擊恐怖活動」。不過，他們承認是在「有限的時間及資料」下進行研究的，且資料來源僅限於一般恐怖主義的心理研究調查，以及有關幾名已知恐怖主義者的生涯簡述。

1998年8月7日，蓋達組織以卡車自殺炸彈攻擊美國位於肯亞奈洛比大使館的慘況。

2002年10月，警察戰略小組成員正在搜尋「環城快道狙擊手」。有關嫌犯的最初剖繪，與兩名後來終於被逮捕的嫌犯約翰艾倫・穆罕默德和約翰李・馬爾沃大不相同。

的話，他們就比較不會受傷害的感覺。這產生幾乎像幼年時期被俘虜的欲望，以確保他們獲得挾持者的偏愛。

　　挾持持續下去，俘虜開始領悟到，任何救援行動都將導致他們被傷害：如果發生槍戰，他可能因為救援者或發怒的挾持者的攻擊而受傷或死亡。他開始越來越反對任何暴力解決之道。

　　對挾持者的認同隨著時間增長：他因為自己的希望和渴望，認同自己與歹徒為相同的人。俘虜漸漸了解挾持者的觀點、他的不滿，以及他的理想或政治理念。接著，俘虜開始相信，挾持者挾持他的原因是正當的，並將不滿歸咎於官方或救援小組。

　　漸漸地，俘虜透過否定，試圖在情感上遠離當時的情境。他試圖說服

1973 年 8 月 23 日，斯德哥爾摩市斯維立格克立迪特銀行的四名員工被兩名逃犯劫持，困在十一乘四十七英尺的地窖中；其中一名歹徒在四天後被戴著防毒面具的瑞典警方逮捕。調查員驚訝地發現人質主動反抗警方的救援行動，拒絕提出不利於嫌犯的證據，甚至提供金錢幫他們打官司。據報導，其中一名女性人質後來與一位囚犯訂婚。這些人質的反應產生了「斯德哥爾摩症候群」這個專有名詞。

自己「這是一場夢」，在長眠中失去自己，並欺騙自己很快就將被「神奇的」方法援救。有時候，他們從一些在被挾持前沒有意義但費時的日常行為中找到否定當時情境的機會。

心理學家認為，「斯德哥爾摩症候群」不僅出現在挾持案中，也出現在像是家庭暴力這種有持續情感依附的案件中。一位心理學家說，當有人故意威脅你的生命，而且沒有殺死你時，一旦威脅解除後，你將產生一種強烈的情感，同時包括感激之情和害怕。這種種原因結合起來，讓被害者不願意顯露出對威脅者負面的情感。1980 年，美國聯邦調查局的剖繪專家及人質協商員湯瑪斯·史特蘭茲寫道：「被害者求生存的需要，遠大於憎恨導致他陷入困境的人的衝動。」研究人員已經總結「斯德哥爾摩症候群」發展的階段：

一個人威脅要殺害另一個人，而且被認為有能力這麼做。
另一人無法逃脫，所以他或她的性命掌握在威脅者手上。
被威脅者與外界隔離，所以其他觀點只來自威脅他的人。
威脅者被認為對被威脅者展現某種程度的仁慈。

# 派翠西亞・赫斯特

　　「斯德哥爾摩症候群」最奇怪的案例之一，就是派翠西亞・赫斯特（Patricia Hearst），報界大佬威廉・赫斯特（William Hearst）十九歲的孫女。她被捲入美國一個小型的恐怖組織「自由共生軍隊」。「自由共生軍隊」為1973年3月逃獄的唐納德・德弗瑞慈（Donald DeFreeze）所獨創，很快有一群「革命者」加入，他們開始偷竊槍枝，並租用躲藏處。

　　1973年11月，這個組織的第一個活動就是刺殺馬克斯・佛斯特博士（Marcus Foster），他是奧克蘭的學校督察，他們聲稱馬克斯是「法西斯主義者」。不久後，他們綁架了派翠西亞・赫斯特。綁匪威脅她的雙親提供加州所有窮人每人等價七十美元的食物；依據他們的估計，總金額將超過四億美金。

　　赫斯特夫婦先提供了兩百萬美金，如果他們的女兒被安全釋放，他們將再提供四百萬美金。一些食物以「需要幫助者計畫」的名義發送出去，但是「自由共生軍隊」以一捲派翠西亞・赫斯特的留言作為回應，並附上一張她拿著衝鋒槍，站在「自由共生軍隊」標誌（七個眼鏡蛇頭）前的照片。在錄音帶上，她宣稱自己已經改名為「塔尼亞」（Tania），而且她決定與「自由共生軍隊」站在同一陣線，並「戰鬥」。

　　1974年4月15日，五名「自由共生軍隊」成員，包括「塔尼亞」在內，出現在一捲搶劫錄影帶中；那是舊金山的一間銀行。5月16日，她於加州掩護兩位在商店行竊的同志，對空鳴槍。隔天，調查員發現「自由共生軍隊」在洛杉磯的藏身處，四百名警察及美國聯邦調查局探員在房舍被燒毀前趕出屋內六名佔有人。「塔尼亞」並不在被逮捕的「自由共生軍隊」成員中。「自由共生軍隊」被徹底剿滅，但是餘黨直至1975年才被捕。

　　在她的審判上，辯護律師李・貝利辯稱（但失敗）派翠西亞・赫斯特在被綁架期間被洗腦。1976年3月，她被判有罪及七年有期徒刑。卡特總統於1979年1月20日下令減刑，柯林頓總統則特赦了派翠西亞・赫斯特。

## 訊問的心理層面

　　警方在訊問時，經常使用「好警察／壞警察」的方法。「壞警察」負責侵略性的拷問，而「好警察」則安靜地待在背後。當之前議定的時點一到，「壞警察」就會找藉口離開訊問室，「好警察」接手，表達對嫌犯的關心，讓他覺得就好像是警察的同僚一樣，給他菸抽，一杯水或冷飲，甚至一個三明治。他表現出富有同情心的樣子，並告訴嫌犯要讓他「沒有前科」是多麼容易的事。有時候，這足以讓嫌犯立刻自認。更常發生的是，「壞警察」回來繼續攻擊，嫌犯可能會說：「我不會和你說什麼的，但是我願意和他說。」有時候在一連串累人的過程後，真相終會浮出水面。

　　這個方法早期的作法，是使用密探，不過現在已經很少這麼做了。另一名嫌犯將協助警方，有時候甚至是警察假冒囚犯，與嫌犯關在同一間囚室裡，他鼓舞罪犯談論使他或她被逮捕的犯罪事件。

　　過去，警方有時會使用我們所熟知的「第三學位」（third degree）訊問法；這個名稱出自共濟會第三級會員（Master Mason）的候選人受試，因為必須詳細回答問題，而讓受試者大感吃不消。負責訊問的警察坐在一盞亮燈

警察西蒙及希普維茲（分別由吉姆·史密斯和丹尼斯·法蘭茲飾演），在電視影集《紐約重案組》中訊問嫌犯時分別扮演壞警察及好警察。

後的黑暗處，使得接受偵訊的人無法看到他們。其他模糊的人影則隱藏在背後，於令嫌犯感到威脅的訊問關鍵時刻在他身邊走來走去。他剛剛說了什麼？有人去查什麼了嗎？嫌犯身體不適、心神不安，時常導致自認。不過，這確實是粗糙的訊問技巧，雖然沒有使用暴力或酷刑，但不鼓勵警方使用這個方法。

其他訊問方法則繼續使用。1978年，美國聯邦調查局恢復了一個小型「測謊小組」，美國其他檢警單位則繼續使用這些設備。調查員先試圖校準受試者真實的「應答」，然後，如果可能的話，再校準他的謊言。之後，受試者將會被問及許多無關緊要的問題，但其中會夾雜一些直接與訊問有

## 測謊器

「測謊器」曾流行一時。測謊器的發展，基本上是因為人們相信一個人在說謊時，甚至聽到一個可能暗示他有罪的問題時，將有所反應：脈搏跳動速度、血壓、呼吸及皮膚導電性將會改變。1895年測謊器的前身就已經發明了，被命名為「脈波曲線圖」，可以偵測被訊問者脈搏跳動率及血壓的波動。測謊器於1921年引進，繼續記錄各種波動。起初，在1930年代，人們相信測謊器是絕對正確的。不過，1938年，佛羅里達州某一綁架謀殺犯的測謊檢測結果顯示一個無辜的男子有罪，而後來自認有罪的人則顯示清白。當時美國聯邦調查局局長胡佛命令他的探員將那個箱子「丟到畢思凱尼灣裡」。1964年，他完全禁止這項技術。

皮爾斯·布魯克斯（左）和羅伯特·雷斯勒於1982年共同建立了「暴力罪犯逮捕計畫」。布魯克斯、雷斯勒及其他美國聯邦調查局的人員負責人質挾持協商演練。

關的關鍵問題，受試者對關鍵問題的反應將與他們說謊的反應做比較。

測謊器的成功，仰賴個人對其性能的信賴。當三名美國修女及一名世俗工作者在薩爾瓦多被姦殺後，美國國務院要求曾經在附近出現過的薩爾瓦多國家衛兵接受測謊。為了展示這個裝備的強大威力，一名美國聯邦調查局探員要求一名衛兵在一張紙寫上一個數字後，把它藏起來。當他成功地查出這個數字，四名衛兵對測謊器顯露的威力印象深刻，並立刻提供所有美國政府需要的資訊；害怕在之後偵訊時被發現說謊，已經足以震懾他們。

不過，測謊器的缺點是很明顯的，而美國官方也已經公布某特殊類型

的人完全不適用於測謊器測驗。這些人包括精神病說謊者、情感上或心理上不正常的人、酗酒者、小孩，甚至那些感冒、有氣喘病、肺氣腫的人。

測謊器失敗的一個著名例子，就是1971年偽造百萬富翁霍華‧修斯自傳的嫌犯柯利弗德‧歐文（後來被定罪）。歐文準備從紐約搭機回位於地中海西部伊微沙島的家時，被要求接受測謊測驗。他在情感上非常勞累，太擔心趕不上班機，而通過了測謊檢驗。直到一張支付給「霍華‧修斯」的支票被發現為歐文的妻子所有，真相才浮出檯面。

最近新儀器才漸漸發展起來，可望能夠取代測謊器。「心理壓力評估器」可以偵測到嫌犯聲音的顫抖，不論是在訊問時，或是在電話上、錄音帶上，都可以顯示嫌犯是否說謊。這種儀器是無價的，不僅是在訊問時，甚至在那些不知名、不特定的嫌犯覺得不得不打電話或寄匿名錄音帶給警察時，也格外有用。

## 訊問達列爾‧德弗耶

1979年12月，瑪莉‧法蘭西斯‧史東納（Mary Frances Stoner）在喬

柯利弗德‧歐文，英國人，1971年與妻子一同偽造百萬富翁霍華‧修斯的自傳。在接受有關自傳來源的訊問時，歐文成功通過測謊檢驗。

夜間，警察在喬治亞洲的羅馬訊問嫌犯達列列爾‧德弗耶；美國聯邦調查局剖繪
專家約翰‧道格拉斯相信，他在這種令人生畏的環境下很容易顯現弱點。

治亞州的羅馬失蹤了。她是一個友善、天真的十二歲小女孩，學校儀隊隊
長，她在家門前的車道下車後就失蹤了。後來在十英里外的樹林裡發現她
被強姦的屍體。她的頭部被外套包著；她被一個巨大的石頭攻擊了好幾
次，沾滿血污的石頭就在屍體旁。她也曾從背部用手勒住。

　　這是美國聯邦調查局剖繪專家約翰‧道格拉斯最早被諮詢的案件，後
來成為更複雜技巧的基礎。他迅速評估情境，並推論嫌犯是名白種男性，
二十五歲到二十九歲之間；他可能在高中時被退學，但是智商在平均以
上，而且個性驕傲。他曾經在軍隊服務，可能因瀆職或健康情況而退役，
婚姻有問題或離婚。他是藍領階級的勞工，可能曾經有縱火或強姦的犯罪
紀錄。

# 肢體語言

　　有經驗的訊問員都知道，人類肢體無意識表達的訊息，比他們說的還要多。了解到這點，美國聯邦調查局最近在訓練他們探員的課程中，增加了有關肢體語言的部分。坎迪克學院訓練計畫的主任羅伯特・特拉特（Robert Trott）說：「這些訓練包括解釋所有你得到的資訊；不僅是一個人在訪談時告訴你的訊息，還包括他散發的各種訊號。」

　　兩個敵對的人之間的交流，所訴說的遠超過語言：語言所表達的只佔了百分之七而已。音量、音高、節奏等等聲音特徵，則說明了百分之三十八。臉部表情及身體姿勢表現了百分之五十五。而且在許多個案中，肢體語言明顯與他們所說的話矛盾。

　　例如，一個說謊的人，可能不自覺地舉起他的手遮掩住嘴。一個人坐著，手臂交叉在一起，不看說話者的眼光，或者腳在踝部交叉，表示他不接受對方傳遞的訊息。姿勢可能暗示緊張或焦慮，美國聯邦調查局相信，這在訊問恐怖份子嫌犯時是很重要的。

　　他們舉出一個具體的例子。一個名叫扎德・哈拉（Ziad Jarrah）的人在2001年9月9日因超速被警察攔下。警方開了罰單，並訓斥他。兩天後，被捏碎的罰單在紐華克機場停車場裡的一輛車內發現，不久前哈拉才和其他三名劫機犯在準備攻擊白宮時，於賓州西部墜機。

　　雖然官員強調警方並沒有失職，但他們相信恐怖份子在攻擊前必定會展現出焦慮（像是動作、姿勢，以及手勢），應該訓練執法人員察覺這些線索。

　　不過，從外表的肢體語言做分析有很多缺點。姿勢在不同文化下，表現的意義可能極為不同。例如，在印度左右搖頭，並不表示不同意，而是表現對對方的興趣。即使從容地看著對方，通常被視為真誠的象徵，但也不能算是可靠的指標，波多黎各人則視之為輕蔑的象徵；因此，一個逃避美國聯邦調查局目光的波多黎各人，可能被認為是狡詐、不誠實的，但事實上是尊敬的表現。

　　道格拉斯以他的想像重建犯罪現場。幾乎可以確定這名不知名的嫌犯曾看過瑪莉‧史東納；他誘騙她上他的車，用槍或刀恐嚇她，然後開車到他知道不會被打擾的地方。她的衣服上沒有落葉，也沒沾有泥巴，暗示她可能在被強姦前便已被褪去衣物，然後再被命令穿上衣物。此時，嫌犯明白這個小女孩可能會認出他；嫌犯試圖將她勒死，最後再用石頭打死她。

　　在致羅馬警察的電話上，道格拉斯告訴他們，他們可能已經訪談過這個人。他表現得很合作，而且很有自信。這可能並不是他第一次犯罪，但可能是他第一次犯下謀殺案，而且並沒有事先計畫好。道格拉斯說，他的車可能是黑色或藍色的；而且車齡已經好幾年了，因為他買不起新的，但是保養得很好。

　　羅馬的警察說，道格拉斯的剖繪正好符合他們曾經訊問過的一名嫌犯。他的名字是達列爾‧吉恩‧德弗耶（Darrell Devier），二十四歲白種男性，曾經在史東納家附近從事樹木修剪工的工作。他雖然在高中時被退學，但是他的智商絕對高出一般人，IQ介於一百至一百一十之間。德弗耶曾經結婚和離婚兩次，目前和他的第一任妻子同住。他第一次離婚後，曾加入軍隊，但是因為瀆職被解雇；他曾經被懷疑強姦另一名女子，但是因為證據不足，所以沒有被起訴。他的車子是保養得很好的黑色福特汽車，車齡已有三年。

　　警方告訴道格拉斯，當天德弗耶將接受測謊檢驗。道格拉斯建議不要相信測謊結果，他保證嫌犯一定會通過測謊檢驗，而且在接續的訊問中變得更有自信；不過當時警察仍繼續進行測謊試驗，並報告德弗耶通過檢驗了。

　　更重要的是，沾滿血跡的石頭必須放在一張比較低的桌子上，讓德弗耶必須轉頭才看得到它。

道格拉斯說：「要逮到他的方法只有一個，利用晚上在警察局裡訊問他。」德弗耶在這種令人生畏的環境下，弱點比較容易顯現出來，當地聯邦調查局的探員也會出席，以增加場面的嚴肅性。道格拉斯表示，可

以放一疊寫上德弗耶名字的檔案夾在桌上，即使裡面只是一堆白紙也沒關係。更重要的是，沾滿血跡的石頭必須放在一張比較低的桌子上，讓德弗耶必須轉頭才看得到它。「如果他是凶手，他就無法忽視這石頭。」

道格拉斯建議，訊問室裡燈光要微弱，而且不論何時都只有一位警察和一位調查局探員在裡面。他們必須暗示，他們理解德弗耶所承擔的壓力。不管他們對這個方法有多厭惡，他們也必須暗示，被害者曾誘騙他，接著並威脅要勒索他。他們應該告訴他：「我知道你的身上沾了血；在你的手上、你的衣服上。我們的問題不是『人是不是你殺的？』而是『你為什麼殺了她？』我想現在我們知道為什麼，我們了解。你所要做的只是告訴我們，我們說的對不對而已。」

警方採用道格拉斯的建議：德弗耶自認謀殺瑪莉及犯下另一件他曾經被懷疑為嫌犯的強姦案。他受審後被定罪，並被判在喬治亞州以電椅執行死刑。本案證明剖繪專家可以成功地提供警方一些測謊器失敗案件的建議。

# 科林‧艾爾蘭：沉默的嫌犯

當嫌犯接受律師建議或出自直覺，不願意作答，只以「沒意見」回應，甚至一直保持沉默時，訊問常因此遇到瓶頸。心理學家保羅‧布理頓在《拼湊人性碎片》（*Picking up the Pieces*. 2000）一書中，描述他提供英國警方訊問連續殺人犯科林‧艾爾蘭（Colin Ireland）的建議。

1993年3月9日，英國《太陽報》（*Sun*）的新聞編輯部接到一通電話。一個粗啞的倫敦口音說：「我殺了一個人。」然後給了一個在倫敦西南方的地址。「我打電話給你們，是因為我擔心他的狗，我希望能把那些狗放出去。牠們被關在那裡實在太殘忍了……我把他綁了起來，然後殺了他，接著我把房子打掃乾淨。我真的這麼做。這是我的新年計畫——殺一個人……他是個同性戀，而且是性變態。」

1993年，科林‧艾爾蘭在倫敦跟蹤並謀殺了五名男同志。他在電話上告訴警方，他計畫成為一名連續殺人犯：「我知道怎樣才可以變成連續殺人犯。你必須殺害超過四個人以上才算，不是嗎？」這張照片上的人是他的第五名被害者，廚師艾瑪努爾‧史皮特利。

　　報社通知警方，之後他們前往該處。警察在那裡除了發現兩條狗外，還有四十五歲劇場導演彼得‧沃克（Peter Walker）赤裸的屍體，他的手腕和腳踝被綁在床鋪上，一個塑膠袋緊緊地套住他的頭。起初，探員懷疑沃克是否在自認是同性戀後，意外地在一人獨自從事性行為時死去；但是很明顯地，有其他人介入此事，因為他不可能把自己的四肢綁在床上，還將塑膠袋緊緊地套在頭上。而且匿名電話暗示這是謀殺。

　　5月28日，三十七歲的圖書館員克里斯多弗‧杜恩（Christopher Dunn）在他位於倫敦西北方的家中，被發現以相同的方式死亡；但是，這一次當地的執法官員認為他係意外死亡。直到另外兩件案子接續發生；6月4日，三十五歲，HIV病毒呈陽性反應的美國行政官派立‧布萊德利（Perry Bradley），以及6月7日，三十三歲的住宅監督官安德魯‧克利爾

（Andrew Collier）。警方又接到殺手一連串的電話後，他們才明白這些案件是相關的。他說他已經看過美國聯邦調查局的《犯罪分類手冊》（參閱第三章），並決定成為一個連續殺人犯。「我知道怎樣成為一個連續殺人犯。你必須殺害超過四個人以上才算，不是嗎？我計畫殺五個……」

調查顯示，至少三名被害者經常出入位於倫敦西部布琅姆頓街的「肯賀恩」同性戀酒吧。雖然男同志社群都很害怕這名被媒體稱為「男同志清算者」的殺手，6月12日，第五名被害者還是出自「肯賀恩」酒吧，他在附近的伯爵公園地鐵站遇到殺手。他是四十三歲的廚師艾瑪努爾·史皮特利（Emmanuel Spiteri）。這兩人搭地鐵到查令十字站後，前往史皮特利位於倫敦東南方的公寓。史皮特利的屍體三天後在他的公寓裡被發現，查令十字地鐵站的錄影機錄到陪同史皮特利的是一個高大的男子。警方公布他的特徵，並用電腦繪製素描，但是經過幾週後，還是沒有人出面指認。

接著，在7月21日，一個名叫科林·艾爾蘭的高大男子走進距離倫敦三十英里的南海的一間律師事務所。他說他需要一個律師；他承認當晚他原本和史皮特利在一起，但是當他發現房中有其他人在時就離開了。不過，當他偕同律師抵達倫敦警察局後不久，警方就發現他的指紋與一個在安德魯·克利爾家中發現的指紋相符。此時，警方期待取得嫌犯的自認，以及所有能成功起訴的資訊。他們還不明白這個對手的性格。

艾爾蘭出生於1954年，有一連串微罪紀錄。1981年，他因為搶劫而入獄，並在軍隊待了一段時間。他聲稱自己曾經加入法國的外籍兵團數月。他說他為傲慢孤獨者的稱號感到自豪，在軍隊中學會求生的技巧，他時常獨自一人在艾塞克斯的濕地上露營，捕捉鳥類或野兔為食。

布理頓警告警方：「每個軍人都知道在接受訊問時要保持沉默……這就是他會試圖去做的事。」不過，「他不是真的受過訓練的軍人。沒有足以支持他的個人經歷。保持沉默是非常困難的，他不知道這有多困難。他還有得學。」

布理頓說：「保持沉默是非常困難的，他不知道這有多困難，他還有得學。」

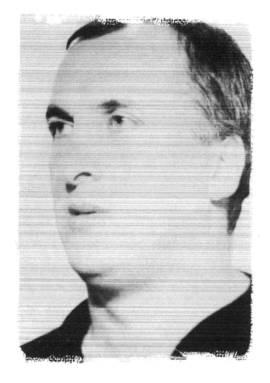

艾爾蘭為傲慢孤獨者這個稱號感到自豪，他自稱曾受過軍事訓練，相信在訊問時絕不會透露什麼。不過，在警方堅持不懈地訊問後，終於軟化他的意志；雖然要等到三週後他才在監獄裡自認。

布理頓說，艾爾蘭相信自己不論在心理或生理上都比他的訊問員強，他將訊問當作意志的競賽。警方絕不顯露挫敗是很重要的；他們應該自信、放鬆地繼續無情地談論下去。即使這完全是單邊的訊問，但是要密切注意艾爾蘭是否露出任何軟弱或疲累的徵兆。

艾爾蘭兩年前的偵訊曾經被錄音，當時他被控在家庭爭議中人身攻擊。布理頓建議警方播放這捲錄音帶，並指出艾爾蘭不用再保持沉默，因為他的聲音已經被發現與嫌犯所撥的匿名電話的聲音相符。「你應該提供他各種陳述自己的機會，如此一來就不會出錯，或是錯誤起訴……」

布理頓說，如果艾爾蘭仍舊拒絕合作，警方應該盡量鄙視他，質詢他過去失敗的事件，像是他兩次失敗的婚姻及其他人際關係。「他希望被尊重，如果你們一副看不起他的樣子，他就會有強大的欲望糾正你們……不要反對他，或與他對質。那正是他所期待的。這就是他維持堅強的原因。」

但是兩天後，艾爾蘭還是什麼也沒承認。他被還押受審，送回監獄。布理頓說：「他仍舊會聽到你們問的問題……但他再也不需要使用求生技巧……如果他存活下來，他就必須糾正錯誤，讓紀錄正確。這就是他認罪

的時候。」三週後，艾爾蘭要求和警方談話，「但不是那些訊問我的混蛋。他們真的讓我很生氣。」接著艾爾蘭詳細地陳述他如何謀殺五名被害者，整整錄了兩天的音。1993年，他被判五個死刑，法官並建議永遠不要釋放他。

## 法庭上的心理壓力

當密集的訊問仍無法讓嫌犯認罪，審判中仍舊可以施予心理壓力。當韋恩・威廉（Wayne Williams）因涉及1981年亞特蘭大的兒童謀殺案而被訊問時，他否認所有指控，甚至同意接受測謊器檢驗，最後證明沒有說謊（警方及美國聯邦調查局探員後來搜索他家時，發現一本詳細介紹通過測謊檢驗的書籍）。面對審判，他請求無罪開釋，而且有一群知名度很高的律師小組為他辯護。檢方遇到的問題是，威廉善於言談，而且很合作；他戴著一副有很厚鏡片的眼鏡，外表虛弱。他和父母同住，他們都是退休的教師，他堅稱對他的指控是出自種族歧視。陪審團很有可能因為這些因素不符合一般人對殺人犯的印象而動搖。

在法院裡，韋恩・威廉的辯護律師強調他溫和的舉止。「看他的手有多柔弱。你們認為他有能力利用這雙手勒死人嗎？」

## 韋恩・威廉

　　喬治亞州亞特蘭大的警察第一次發現附近出現了一個幼童殺手，是在1979年7月發現兩名被勒死的十三歲及十四歲男孩屍體後。11月，另外兩名（其中一名只有九歲）男孩又被謀殺。到了1980年7月，死亡及失蹤的孩童總數已高達十二名。所有被害者都是黑人，地方人士開始擔心殺手是種族歧視白人團體的成員。亞特蘭大市長直接向白宮請求美國聯邦調查局調查本案。美國聯邦調查局通常不會積極介入謀殺案，但是此處有幾個正當理由：因為有些幼童仍舊被列為「失蹤」，所以他們有可能被綁架；而且本案可能是種族主義者所為，因此也有「侵犯聯邦民權」的疑慮。約翰・道格拉斯及羅伊・海茲伍德抵達亞特蘭大時，案件數已經增加到十六件。檢視這些案件檔案後，他們開始懷疑種族主義的理論。白人謀殺犯出現在全都是黑人的社區，一定會馬上被注意到。儘管美國聯邦調查局探員認為其中兩名年輕女孩的謀殺案並非這個殺手所為，他們還是製作了嫌犯的剖繪。他們說，嫌犯是一名黑人（這在連續殺人案件中非常少見），年約二十五至二十九歲。他可能開一輛類似警車的轎車，擁有一隻德國牧羊犬或短毛獵犬。他沒有女朋友。他可能受到年輕男孩的吸引，但是沒有證據顯示這些男孩曾遭性侵害。道格拉斯在《破案神探》一書中寫道：「他大概有某種辦法可以欺騙這些男孩，我猜和音樂或表演有關。」1981年3月，死亡總數（包括被推定為死亡的失蹤者）已經達到二十六名。亞特蘭大市的調查每月需花費二十五萬美金，雷根總統提供一百五十萬美金的聯邦經費以資協助。

　　4月，兩具屍體被發現漂浮在查特胡齊河上後，警方開始監視主要橋樑。5月22日傍晚，巡警聽到水濺起的巨響，並看到一人駕著一輛貨車離

威廉在被傳訊後走出法院，聲稱自己是無辜的，而檢方的指控是出於種族歧視。

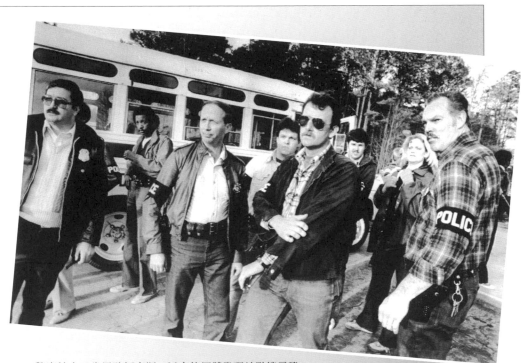

警察於十三歲男孩柯帝斯‧沃克的屍體發現地點搜尋證
據。沃克是威廉所犯下連續案件的第二十位被害者。

---

開。第二輛巡邏車將他攔下，發現是韋恩‧伯特藍‧威廉，現年二十三歲，一個
「音樂星探」。

當時威廉說他將垃圾倒在河裡，所以只被警告而已。但是兩天後，二十七歲的
同性戀納旦尼爾‧卡特（Nathaniel Cater）的屍體在河裡發現，威廉被逮捕。

一名目擊者說，他曾經看到威廉和卡特在一起。後來有證人指出威廉曾經向年
輕男子獻殷勤。1982 年 1 月，在威廉的審判上，他只被控犯下最後兩起謀殺；有
力的鑑識證據（包括他所養的德國牧羊犬的毛髮與一名被害者身上的毛髮相符）都
出自美國聯邦調查局實驗室。他被判有罪及終身監禁。儘管有人抗議檢方以不可靠
的旁證羅織不實之罪使威廉入獄，喬治亞州最高法院仍舊肯認原判決。而且有一件
事是可以確定的：威廉被逮捕的幾個月內，亞特蘭大並沒有發生其他連續謀殺男孩
及年輕男子的案件。

　　因為約翰・道格拉斯早期曾對本案提供建議，所以檢方邀請他出席審判。幾天過去，聽審似乎對檢方頗不利。儘管他們預期威廉不會出面作證，但是他聲稱他會出席。他的律師讓他坐在證人席上超過一天，而且不斷向陪審團說道：「看看這個人！他像是個連續殺人犯嗎？……看他的手有多柔弱。你們認為他有能力用這雙手勒死人嗎？」

　　威廉如果接受交叉訊問會怎樣？道格拉斯建議地方檢察官傑克・馬拉德（Jack Mallard）：「你們必須盡可能讓他在台上站得越久越好；你們必須擊倒他。因為他嚴格地控制自己，而且非常堅強……你們必須不斷對他施壓，透過講述他生活的各個層面，讓情況變得緊張……」道格拉斯說，馬拉德接著必須削弱威廉的氣勢，他應該觸碰他、接近他、侵犯他的地

韋恩・威廉在1981年6月21日被逮捕前，曾經被亞特蘭大的警方審問多次。

威廉在被判為亞特蘭大連續殺人犯後，在監獄裡召開記者招待會。他提起上訴，但是喬治亞州的最高法院裁定肯認原判決。

盤，以低沉的聲音詢問他：「韋恩，當你殺害這些小孩時，你感到驚慌嗎？」

　　經過幾個小時持續的訊問後，馬拉德照著道格拉斯的話做。威廉以微弱的聲音回答：「不。」然後陷入狂怒。他指著坐在檢方桌後面的道格拉斯，並大叫：「你盡一切努力讓我符合美國聯邦調查局的剖繪是吧。我才不會讓你得逞！」他開始語無倫次，稱美國聯邦調查局為「呆子」，檢方是「笨蛋」。這是陪審員第一次發現威廉掩藏的暴力的一面。這是本案的轉捩點。

　　本案及其他許多案件，說明了過去二十五年來，美國聯邦調查局及其他世界各地執法單位建立的心理分析技術是多麼重要。儘管針對心理剖繪的批評很多，而且有些人認為仰賴心理剖繪是不正當的，這項技術迄今仍舊繼續發展、精煉。真實世界中的福爾摩斯無疑會發現，心理剖繪在犯罪偵查與破案上，是一樣越來越不可或缺的工具。

# 參考書目

Ainsworth, Peter B., *Offender Profiling and Crime Analysis.* Portland, Oregon: Willan Publishing, 2001.

Bartol, C., *Criminal Behavior: A Psychosocial Approach.* Toronto: Prentice-Hall, 1991.

Blackburn, Ronald, *The Psychology of Criminal Conduct.* New York: John Wiley & Sons, 1993.

Bluglass, R. & P. Bowden（eds）, *Principles and Practice of Forensic Psychiatry.* London: Churchill Livingstone, 1990.

Britton, Paul, *The Jigsaw Man.* London: Transworld, 1997.

——.*Picking up the Pieces.* London: Bantam Press, 2000.

Brussel, James, *Casebook of a Crime Psychiatrist.* New York: Simon & Schuster, 1968.

Canter, David, *Criminal Shadows.* London: HarperCollins, 1994.

——.& Laurence Alison（eds）, *Profiling in Policy and Practice.* Brookfield, Vermont: Ashgate, 1999.

Cook, Stephen, *The Real Cracker.* London: Fourth Estate, 2001.

Douglas, John, & Mark Olshaker, *Mindhunter.* New York: Scribner, 1995.

——.*Journey into Darkness.* London: Heinemann, 1997.

——.*Obsession.* New York: Scribner, 1998.

——.*The Anatomy of Motive.* New York: Scribner, 1999.

Foster, Don, *Author Unknown.* New York: Henry Holt & Company, 2000.

Green, E., *The Intent to Kill.* Baltimore: Clevedon, 1993.

Holmes, Ronald M., *Profiling Violent Crimes.* Newbury Park, California: Sage Publications, 1989.

Jackson, Janet L. & Debra A. Bekerian （eds）, *Offender Profiling.* New York: John Wiley & Sons, 1997.

Jeffers, H. Paul, *Who Killed Precious?* Boston: Little, Brown, 1991.

Kind, Stuart, *The Scientific Investigation of Crime.* Harrogate, England: Forensic Science Services, 1987.

Langer, Walter, *The Mind of Adolf Hitler.* New York: New American Library, 1972.

Leyton, Elliott, *Compulsive Killers.* New York: New York University Press, 1986.

——.*Men of Blood.* London: Constable, 1995.

Lowe, Sheila, *Handwriting of the Famous and Infamous.* New York: Metro Books, 2001.

Lyman, M.D., *Criminal Investigations: The Art and the Science.* Englewood Cliffs, New Jersey: Prentice Hall, 1993.

Markman, Ronald, & Dominick Bosco, *Alone with the Devil.* Boston: Little, Brown, 1989.

Maren, Patricia: *The Criminal Hand.* London: Sphere, 1991.

Norris, Joel, *Serial Killers.* London: Arrow, 1988.

——.*Walking Time Bombs.* New York: Bantam Books, 1992.

Raskin, D. C. （ed）, *Psychological Methods in Criminal Investigation and Evidence.* New York: Springer, 1989.

Ressler, Robert K. & Tom Schachtman, *Whoever Fights Monsters.* New York: Simon & Schuster, 1992.

——.John E. Douglas, Ann W. Burgess & Allen G. Burgess, *Crime Classification Manual.* New York: Lexington Books, 1992.

——.*Sexual Homicide.* New York: Lexington Books, 1988.

Rhodes, Richard, *Why They Kill.* New York: Knopf, 1999.

Rossmo, D. Kim, *Geographic Profiling.* Boca Raton, Florida: CRC Press, 2000.

Star, J. & J. Estes, *Geographic Information Systems.* Toronto: Prentice-Hall, 1990.

Turvey, Brent, *Criminal Profiling.* San Diego: Academic Press, 1999.

Williams, Katherine S., *Textbook of Criminology.* New York: Oxford University Press, 2001.

Wilson, Colin, *Written in Blood.* London: Grafton Books, 1990.

——.& Donald Seaman, *The Serial Killers.* London: Virgin Books, 1996.

期刊

*American Journal of Psychiatry*

*American Sociological Review*

*Behavioral Sciences and the Law*

*British Journal of Criminology*

*Bulletin of the American Academy of Criminology and Law*

*Criminal Justice and Behavior*

*FBI Law Enforcement Bulletin*

*Journal of Abnormal Psychology*

*Journal of Contemporary Criminal Justice*

*Journal of Criminal Law and Criminology*

*Journal of Forensic Psychology*

*Journal of the Forensic Science Society*

*Journal of Interpersonal Violence*

*Journal of Police Science and Administration*

*Police Review*

*Police Studies*

*Psychology, Crime and Law*

*RCMP Gazette*

*Science & Justice*

*Science & the Law*

*Studies on Crime and Crime Prevention*

網路資源

下列網站，提供犯罪剖繪的有用資訊：

www.corpus-delicti.com/profile.html

www.crimelibrary.com

www.criminalprofiler.com

www.criminalprofiling.com

www.fbi.gov/publications/leb

www.forensic-crim.com

www.ramas.co.uk/offender

www.wm3.org/html/profile.html

# 圖片出處

Amber Books：67

Associated Press：110、240

Courtesy of Brent Turvey：160

Corbis：24、27、48、49、64、66、75、83、92、94、98、100、101、102、103、117、119、154、156、158、165、167、168、173、183、184、186（上）、189、190、200、207、209、218、220、222、225、237、242、261、269、270、271

Getty Images：153

Courtesy of Dr. Kim Rossmo：176、182（兩張）

Mary Evans Picture Library：18、32、38（右）、39、42

Nico Claux：69

PA Photos：87、145、152、188、215

The Picture Desk, Kobal Collection：204、244、256

POPPERFOTO：23、36、38（左）、40、41、47、55、71、72、95、115、128、216、223、252、255、259

POPPERFOTO/Reuters：90、104、106、109、118、120、130、146、148、163、175、191、205、212、214、226、227、246、247、250、253、257、266

Private Collection：159（兩張）、254（兩張）

Courtesy of Robert Ressler：70、245、258

Science Photo Library：217

Topham Picturepoint：16、19、20、21、22、25、26、28、29、31、33、34、37、43、46、50、51、52、56、58、59、60、62、63、65、68、73、74、78、81、82、84、89、96、97、107、112、122、125、126、127、134、136、139、140、142（下）、143、147、150、155、162、171、172、174、180、181、186（下）、187、196、197、224、228、234、235、236、239、243、249、264、267、268

Trinity Mirror PLC：137

Artwork by Rowena Dugdale：80、108、131、133、135、142（上）、149、178、179、195（兩張）、203、230、233、260

手寫範本由筆跡專家Sheila Lowe提供。

# 犯罪心理剖繪檔案

原 著 書 名／Profile of a Criminal Mind
作　　　者／布萊恩・隱內（Brian Innes）
譯　　　者／吳懿婷
責 任 編 輯／顏慧儀、陳玳妮、楊如玉

版　　　權／吳亭儀、游晨瑋
行 銷 業 務／周丹蘋、林詩富
總 編 輯／楊如玉
總 經 理／彭之琬
事業群總經理／黃淑貞
發 行 人／何飛鵬
法 律 顧 問／元禾法律事務所　王子文律師
出　　　版／商周出版
　　　　　　城邦文化事業股份有限公司
　　　　　　115台北市南港區昆陽街16號4樓
　　　　　　電話：(02) 2500-7008　傳真：(02) 2500-7579
　　　　　　E-mail: bwp.service@cite.com.tw
發　　　行／英屬蓋曼群島商家庭傳媒股份有限公司　城邦分公司
　　　　　　115台北市南港區昆陽街16號8樓
　　　　　　書蟲客服服務專線：(02) 2500-7718；2500-7719
　　　　　　24小時傳真專線：(02) 2500-1990；2500-1991
　　　　　　服務時間：週一至週五上午09:30-12:00；下午13:30-17:00
　　　　　　劃撥帳號：19863813　戶名：書蟲股份有限公司
　　　　　　讀者服務信箱E-mail: service@readingclub.com.tw
　　　　　　歡迎光臨城邦讀書花園　網址：www.cite.com.tw
香港發行所／城邦（香港）出版集團有限公司
　　　　　　香港九龍土瓜灣土瓜灣道86號順聯工業大廈6樓A室
　　　　　　E-mail: hkcite@biznetvigator.com
　　　　　　電話：(852) 25086231　傳真：(852) 25789337
馬新發行所／城邦（馬新）出版集團【Cité (M) Sdn. Bhd.】
　　　　　　41, Jalan Radin Anum, Bandar Baru Sri Petaling,
　　　　　　57000 Kuala Lumpur, Malaysia.
　　　　　　電話：(603) 9057-8822　傳真：(603) 9057-6622

封 面 設 計／周家瑤
內 文 排 版／豐禾設計
印　　　刷／韋懋實業有限公司
經 銷 商／聯合發行股份有限公司　電話：(02) 29178022　傳真：(02)2911-0053
　　　　　　地址：新北市231新店區寶橋路235巷6弄6號2樓

2023年2月三版
2024年8月三版1.8刷　　　　　　　　　　　　　　　　　Printed in Taiwan

■定價450元

城邦讀書花園
www.cite.com.tw

國家圖書館出版品預行編目（CIP）資料

犯罪心理剖繪檔案／布萊恩・隱內（Brian Innes）著；吳懿婷譯；
　三版 . -- 臺北市：商周出版；城邦文化事業股份有限公司出版；
英屬蓋曼群島商家庭傳媒股份有限公司城邦分公司發行；民 112.02
面；公分（人與法律；54）

　譯自：Profile of a Criminal Mind: how psychological profiling helps solve
　　　　true crimes

ISBN　978-626-318-559-3（平裝）

1. 犯罪心理學

548.52　　　　　　　　　　　　　　　　　　　111022019